Jesús
Rey de Reyes

Su verdadero propósito.

Porque de tal manera amó Dios al mundo que ha enviado a su unigénito para que todo el que cree en él no se pierda más tenga vida eterna.
Juan 3: 16.

Juan Carlos Pérez.
Juan Carlos Pérez

Índice

Introducción	Pág. 3
Dedicatoria	Pág. 5
Jesús y la eternidad en el hombre	Pág. 7
Dios padre dios hijo y dios espíritu santo	Pág. 13
Ejecución del diseño	Pág. 16
Jesús su propósito real	Pág. 22
Ha llegado la hora	pág. 30
Ya basta	Pág. 34
Tropiezos	Pág. 47
Nada de héroes	Pág. 53
El avivamiento	Pág. 57
Calma tu sed	Pág. 65
Vidas marchitas	Pág. 72
Peso de gloria	Pág. 79
Principios para usar el nombre De Jesús	Pág. 86
La gran promesa	Pág. 100
El velo fue rasgado	Pág. 111
La batalla espiritual y satanás	pág. 124
Victoria hipostática	pág. 138
Trasferencia genuina	Pág. 153
Martirizados por amor	pág. 159
Conclusión	pág. 176

Juan Carlos Pérez

Introducción.

En este proyecto literario le enseñaré, a poder ver con claridad, el verdadero propósito del hijo de Dios, Jesucristo El Salvador.
Durante muchos años se nos ha presentado a Jesús de la manera incorrecta, grotesca, grosera, humillante y fuera de contexto; un Jesús derrotado en un Cruz, otros como un sólo maestro y nada más, y los más osados un Jesús moderno en cual parece más a un ticket de lotería, un genio o un mago del cual si lo aceptas te sacará de la pobreza dándote millones y millones de dólares, un carro último modelo una empresa entre otras cosas terrenales.
Debemos entender que el verdadero y principal propósito de la muerte de Jesús no es hacerte millonario sino darte salvación a ti y a todos tus seres queridos.
Con esto no digo que Él no pueda darte cosas materiales, para el nada es imposible. Pero la palabra es muy clara.

Mateo 6:33Reina-Valera 1960 (RVR1960)
Juan Carlos Pérez

³³ Mas buscad primeramente el reino de Dios y su justicia, y todas estas cosas os serán añadidas.

Estoy seguro que después que usted lea este libro, su manera de ver a Jesús será diferente. Vera la vida de otro punto de vista y sobre todo lo más importante podrá adquirir lo más preciado del universo, lo más invaluable; la salvación mediante la obra redentora de la muerte de Jesús en la cruz.

Juan Carlos Pérez

Dedicatoria.

Este libro lo dedico al que dio su vida sin condición en una cruz y me dio una segunda oportunidad,
Jesucristo rey de reyes y señor de señores.
A mí madre, la cual dejó hacer la voluntad de Dios en ella, al dejarme nacer sin importar las consecuencias que esa decisión trajera a su vida y el cual amor es lo más parecido al de Dios.
Aura Alicia Rodríguez Vallejo.

A mis maestros y mentores los cuales con su ejemplo y testimonio intachables en la ciudad. Han sido mi empuje; motivo de admiración y respeto, por su entrega al ministerio, por sus vidas las cuales han entregado al mismo; hombres y mujeres valientes, morales, guerreros y admirables los cuales seguiré sus pasos como siguen los de El Salvador Jesucristo.
Pastor José Pérez y familia.
Pastor Franklin Loaiza y familia
Apóstol benigno delgado y familia.
Pastor Carlos Delgado y familia.

Juan Carlos Pérez

A cada uno en sus esposas las cuales siempre me alentaron con una sonrisa, Un abrazo, un consejo una represión; a mis princesas; mis más grandes herencias, mis hijas Nicole angelina Pérez y Kimberlin Shania Pérez.

A mi gran amigo de batalla Néstor Eduardo Mengual.

A mis colaboradoras:

Sharen Ulloa Mendoza, sobrina amada, amiga, confidente y colaboradora en la edición de esta obra.

Andreina Rojas Tovar; amiga y hermana en cristo quien me ayudo con la elección de la portada y corrección de texto.

Gracias a Dios por todos ellos que el eterno bendiga sus vidas familias y ministerios; amen.

Juan Carlos Pérez

Capítulo 1

Jesucristo y la eternidad en el hombre.

Efesios 1:4 Reina-Valera 1960 (RVR1960)

⁴ según nos escogió en él antes de la fundación del mundo, para que fuésemos santos y sin mancha delante de él,

Para poder entender el verdadero propósito de Jesús debemos empezar por él comienzo de todas las cosas.

Efesios 1:4 Reina-Valera 1960 (RVR1960)

Juan Carlos Pérez

⁴ según nos escogió en él antes de la fundación del mundo, para que fuésemos santos y sin mancha delante de él,

Como puedes ver nuestro comienzo no inicia en Génesis cuando Dios creó al hombre; si no en un lugar llamado eternidad, mucho antes de que todo fuera creado.

Jeremías 01:5 Reina-Valera 1960 (RVR1960)

⁵ Antes que te formase en el vientre te conocí, y antes que nacieses te santifiqué, te di por profeta a las naciones.

Esto arroja a la luz de la verdad muestra verdadera naturaleza, que es nada más y nada menos que eterna.
Aquí podemos ver algunos aspectos muy importantes, escogió, conoció y santifico.

Escogió:
Efesios 01:04.
 Tomar o preferir una cosa o persona entre varias posibles.

Juan Carlos Pérez

Seleccionar elegir una persona de entre varias para un fin determinado.

*Formase:
Jeremías 01:15.
Hacer una cosa, dándole su forma o aspecto exterior.
Crear una cosa que antes no existía.

*conocí:
Jeremías 01:15.
Tener trato o relación con una persona.
Es tener información y conocimiento de algo.

Una de las cosas que debes tener claras es el verbo en que se pronuncia estas palabras en la Biblia, y es que es un verbo pasado.
Una clara evidencia que ya existías antes del nacimiento natural en esta tierra.
Es glorioso arrojar a la luz de la verdad tan grande información, saber que fuimos escogidos, formados y conocidos en la mente infinita, en la habitación de la eternidad de Dios padre.
Dándonos un linaje eterno.

Juan Carlos Pérez

Otra evidencia de la creación eterna. Es el momento de nuestra formación en el ámbito eterno, no con cuerpos mortales sino con cuerpos glorificados aún.
Jesús nuestro hermano mayor estuvo y participó de todo en lo que concierne al hombre en su diseño eterno; echemos un vistazo a su palabra.

Juan 01:1-3 Reina-Valera 1960 (RVR1960)

1 En el principio era el Verbo, y el Verbo era con Dios, y el Verbo era Dios.

² Este era en el principio con Dios.

³ Todas las cosas por él fueron hechas, y sin él nada de lo que ha sido hecho, fue hecho.

Esto es evidencia viva e irrefutable de su participación.
El mismo Jesús afirma su deidad, divinidad o eternidad, y su existencia antes de todo lo creado con mucha seguridad.

Juan 06:38-42 Reina-Valera 1960 (RVR1960)

Juan Carlos Pérez

³⁸ Porque he descendido del cielo, no para hacer mi voluntad, sino la voluntad del que me envió.

³⁹ Y esta es la voluntad del Padre, el que me envió: Que de todo lo que me diere, no pierda yo nada, sino que lo resucite en el día postrero.

⁴⁰ Y esta es la voluntad del que me ha enviado: Que todo aquél que ve al Hijo, y cree en él, tenga vida eterna; y yo le resucitaré en el día postrero.

⁴¹ Murmuraban entonces de él los judíos, porque había dicho: Yo soy el pan que descendió del cielo.

⁴² Y decían: ¿No es éste Jesús, el hijo de José, cuyo padre y madre nosotros conocemos? ¿Cómo, pues, dice éste: Del cielo he descendido?

Juan 17:5 Reina-Valera 1960 (RVR1960)

⁵ Ahora pues, Padre, glorifícame tú al lado tuyo, con aquella gloria que tuve contigo antes que el mundo fuese.

Juan Carlos Pérez

Qué maravilloso es saber que este mismo Jesús tomo parte en nuestro diseño y más precioso aun que nuestra naturaleza es igual.

Génesis 1:26-27 Reina-Valera 1960 (RVR1960)

²⁶ Entonces dijo Dios: Hagamos al hombre a nuestra imagen, conforme a nuestra semejanza; y señoree en los peces del mar, en las aves de los cielos, en las bestias, en toda la tierra, y en todo animal que se arrastra sobre la tierra.

²⁷ Y creó Dios al hombre a su imagen, a imagen de Dios lo creó; varón y hembra los creó.

Juan Carlos Pérez

Capítulo 2

Dios padre-Dios hijo-Dios espíritu Santo.

Nuestra esencia no cambian al cumplir roles distintos así es Dios.

-Juan Carlos Pérez-

Juan Carlos Pérez

En pleno siglo XXI aún muchos no han entendido como es Dios y siguen preguntándose. ¿Cómo es que Dios es padre, hijo y espíritu Santo? Es simple.

Es un Dios soberano pero cumple tres roles distintos, es como nosotros por ejemplo: yo soy Juan Carlos Pérez, soy padre hijo y amigo.

Cumplo tres roles distintos con características muy distintas y personalidades muy distinta pero sigo siendo yo, no varió.

*Como hijo: tengo que ser sumiso, obediente para honrar a mis padres.

*como padre: debo corregir, criar y enseñar.

*como amigo: soy carismático, y compasivo.

Si tú o yo fuéramos amigos y voy a tu casa, me saco el cinturón y te doy tres correosos y te digo ¡eso, no, se, hace! Diría que estoy loco y me echaría de tu casa; porque contigo debo actuar como amigo no como padre, o imagínate que tú le dijera a tus padres ¡Hey! ¡Hey!... te voy a pegar, ¡no hagas eso!; sé que no te ves haciéndolo porque con ellos eres hijo.

Nuestra esencia no cambian al cumplir roles distintos así es Dios.

Juan Carlos Pérez

Es Dios padre: creador.
Es Dios hijo: Salvador.
Es Dios espíritu Santo: consolador.

Es un solo Dios todopoderoso, omnipotente, omnisciente, omnipresente.

Juan Carlos Pérez

Capítulo 3

Ejecución del diseño.

Génesis 1:01 Reina-Valera 1960 (RVR1960)

1 En el principio creó Dios los cielos y la tierra.

Juan Carlos Pérez

Después de diseñáramos en su mente y eternidad, él se dispuso a construir un lugar especial para su creación.

Génesis 1:01 Reina-Valera 1960 (RVR1960)

1 En el principio creó Dios los cielos y la tierra.

Génesis 1:1-25 Reina-Valera 1960 (RVR1960)

Fue en este punto que Dios decide crearnos en la dimensión natural. Pero entiendan bien su creación, hombre, todavía era eterna en cuerpos glorificados.

Génesis 1:27 Reina-Valera 1960 (RVR1960)

[27] Y creó Dios al hombre a su imagen, a imagen de Dios lo creó; varón y hembra los creó.

Juan Carlos Pérez

Semejanza: similitud, relación entre personas o cosas que se parecen o tienen características comunes.

Adán y Eva tenían cuerpos glorificados y eternos. Ellos podían tanto estar en las profundidades del mar, como en las alturas del cielos, puede parecer un poco exagerado, o sacado de una película de ficción pero simplemente es la realidad de lo eterno, también podían trasladarse a inmensa distancia en segundos y a velocidades increíbles.

Dios les dijo: sojuzgar la tierra y todo lo que en ella habita.

Sojuzgar: mandar o dominar violentamente algo o alguien.

Ellos tenían dominio de las aguas del aire de todo lo que existía en el edén.

Jesucristo en su forma humana, estaba limitado en ciertas áreas, pero después que fue crucificado y resucitó, en cuerpo glorificado al tercer día, fue cuando recupero esa eternidad que les fue arrebatada Adán y Eva; y ya no había límites no habían barreras no había obstáculos ya lo podía todo.

El descendió al infierno traspasó las paredes, puertas, ascendía el cielo y descendió al infierno;

Juan Carlos Pérez

pero todo eso lo hizo el cuerpo glorificado. Esa fue la naturaleza eterna que Adán y Eva tenían en el edén y que un día fue arrebatada por Satanás.

En Génesis capítulo 03.
Podemos ver cómo es la naturaleza divina y eterna, del hombre glorificado de aquel paraíso llamado edén.
Después que la serpiente, Satanás engaña a Eva y la persuade de comer el fruto prohibido, es que llama a su esposo y compañero Adán, y ella lo persuade de comer del fruto prohibido. Ellos se dan cuenta de su desnudez, se escondieron y se cubren con hojas.
Dios les había advertido en *Génesis 03:03* que no comieran porque si no moriría.
Ellos pecaron y desobedecieron fue en ese preciso momento es cuando perdieron su naturaleza divina, eterna y su cuerpo glorificado; entonces se convirtieron en unos mortales y fueron echados fuera del paraíso, y Dios coloco querubines para guardar la entrada del edén, con la finalidad de que ellos no pudieran entrar nuevamente; pues los castigaría.
Génesis 03:24.

Juan Carlos Pérez

Adán y Eva murieron fuera del paraíso; pero ¿por qué no murieron dentro del edén?
Simple; el edén fue diseñado en una dimensión donde no existía la muerte.
Ahora había entrado el pecado en el hombre y consigo la muerte.

Romanos 06:23 Reina-Valera 1960 (RVR1960)

²³ Porque la paga del pecado es muerte, más la dádiva de Dios es vida eterna en Cristo Jesús Señor nuestro.

Muchos se preguntan ¿por qué yo estoy pagando las consecuencias de unos rebeldes que ni siquiera conocí?

Porque somos pecadores, esa semilla del mal nos ha tocado a todos y la palabra declara en:

Romanos 03:23 Reina-Valera 1960 (RVR1960)

²³ por cuanto todos pecaron, y están destituidos de la gloria de Dios,

Por consecuente herederos de la muerte.
Juan Carlos Pérez

El pecado ha causado una separación entre Dios y el hombre.
Y las consecuencias trágicas fue el camino a la perdición para la humanidad y el daño colateral que aún sufrimos por la decisión que ellos tomaron al pecar.
Pero Dios no dejaría que su creación se perdiera sin el hacer nada...

Juan Carlos Pérez

Capítulo 4

Jesús, su propósito real.

1 Pedro 2:24 Reina-Valera 1960 (RVR1960)

^{24} quien llevó él mismo nuestros pecados en su cuerpo sobre el madero, para que nosotros, estando muertos a los pecados, vivamos a la justicia; y por cuya herida fuisteis sanados.

Juan Carlos Pérez

Durante muchos años se nos ha presentado a Jesús de una forma incorrecta.

Hoy el planeta está saturado del nombre de Jesús, pero lamentablemente lo están presentando incorrectamente, como un tiquete de lotería, como el genio de la lámpara de Aladino; te dicen acéptalo, que tu negocio prosperará aceptarlo y tendrás una mejor casa, aceptarlo y tendrás un nuevo carro o tendrás una nueva familia.

¡Noooo!.

Querido lector, ¡no!, ese no es el verdadero propósito de la muerte de Jesús.

Romanos 3:23 Reina-Valera 1960 (RVR1960)

^{23} por cuanto todos pecaron, y están destituidos de la gloria de Dios.

Recuerda que el pecado nos sacó de su presencia, y solo teníamos un camino; el cual era de perdición.

Jesús no vino a la tierra para que fuéramos millonarios; Aunque tú puedes lograrlo trabajando con disciplina, incluso Dios declara que él te dará las fuerzas para hacer las riquezas.

Juan Carlos Pérez

Deuteronomio 8:18 Reina-Valera 1960 (RVR1960)

[18] Sino acuérdate de Jehová tú Dios, porque él te da el poder para hacer las riquezas, a fin de confirmar su pacto que juró a tus padres, como en este día

Pero entiende; El vino a darte una segunda oportunidad de vida y de vida eterna. El dejó su investidura de gloria, dejó su trono, dejó de escuchar la bella melodía de los ángeles, dejó su poderío, majestad, gloria y se hizo hijo de hombre en Jesús para sólo venir a ser humillado y morir por nuestros pecados con la finalidad de salvarte.

1 Pedro 2:24 Reina-Valera 1960 (RVR1960)

[24] quien llevó él mismo nuestros pecados en su cuerpo sobre el madero, para que nosotros, estando muertos a los pecados, vivamos a la justicia; y por cuya herida fuisteis sanados.

Fue escupido, bofeteado, lacerado, Le colocaron una corona de espinas, le desnudaron y

avergonzaron en público, fue traspasado por una lanza, fue burlado y crucificado.
Qué inhumano lo que le hicieron al rey de gloria, los soldados se burlaron, que cobardes.
La profecía habla de que su cuerpo fue molido; Leer

Isaías 53:5-12 Reina-Valera 1960 (RVR1960)

⁵ Mas él herido fue por nuestras rebeliones, molido por nuestros pecados; el castigo de nuestra paz fue sobre él, y por su llaga fuimos nosotros curados.

⁶ Todos nosotros nos descarriamos como ovejas, cada cual se apartó por su camino; mas Jehová cargó en él el pecado de todos nosotros.

⁷ Angustiado él, y afligido, no abrió su boca; como cordero fue llevado al matadero; y como oveja delante de sus trasquiladores, enmudeció, y no abrió su boca.

⁸ Por cárcel y por juicio fue quitado; y su generación, ¿quién la contará? Porque fue cortado de la tierra de los vivientes, y por la rebelión de mi pueblo fue herido.

⁹ Y se dispuso con los impíos su sepultura, mas con los ricos fue en su muerte; aunque nunca hizo maldad, ni hubo engaño en su boca.

¹⁰ Con todo eso, Jehová quiso quebrantarlo, sujetándole a padecimiento. Cuando haya puesto su vida en expiación por el pecado, verá linaje, vivirá por largos días, y la voluntad de Jehová será en su mano prosperada.

¹¹ Verá el fruto de la aflicción de su alma, y quedará satisfecho; por su conocimiento justificará mi siervo justo a muchos, y llevará las iniquidades de ellos.

¹² Por tanto, yo le daré parte con los grandes, y con los fuertes repartirá despojos; por cuanto derramó su vida hasta la muerte, y fue contado con los pecadores, habiendo él llevado el pecado de muchos, y orado por los transgresores.

Juan Carlos Pérez

Así estaría tan degradada la humanidad y el concepto del amor al prójimo, que estos soldados tuvieron el pudor de burlarse de un hombre en el estado que se encontraba Jesús, un hombre desgarrado, ensangrentado moribundo y estos decían. ¿Si eres rey? ¡Sálvate! y todos se reían.
¿Todo esto por amor? ¡Si! Todo esto por amor a ti querido lector.
Esta era la única manera amigo y amiga que lees estas líneas, que tú pudiera ser salvo.

Juan 3:16 Reina-Valera 1960 (RVR1960)

¹⁶ Porque de tal manera amó Dios al mundo, que ha dado a su Hijo unigénito, para que todo aquel que en él cree, no se pierda, más tenga vida eterna.

Su verdadero propósito es este, que tú seas salvo.
Este es el verdadero propósito de su muerte; al hacer esto, El restauró nuestra naturaleza caída del el edén.
El creo este pacto al morir en la cruz del calvario y selló su parte con sangre y la otra parte para que este contrato se cumpla, Es la confesión de

nuestra parte, con nuestros labios, arrepintiéndonos de nuestros pecados, aceptándolo como nuestro rey y único Salvador; Ahora el camino de la salvación está restaurado.
Tú y yo podemos ir a su presencia como antes de la creación del planeta.

El perdona nuestra culpa y arroja a lo más profundo todos nuestros pecados para nunca más acordarse de ellos.

Miqueas 7:19 (PDT) | In Context | Whole Chapter

19 Tendrá otra vez compasión de nosotros, perdonará nuestras culpas y arrojará todos nuestros pecados a las oscuras profundidades del mar.

Él nos deja bien claro esa oportunidad y nos revela que es el camino.

Juan 14:6 Reina-Valera 1960 (RVR1960)

⁶Jesús le dijo: Yo soy el camino, y la verdad, y la vida; nadie viene al Padre, sino por mí.

Juan Carlos Pérez

Sólo tienes que aceptar con tu corazón tiene que confesar con tus labios que El es tu salvador y podrás adquirir la promesa de vida eterna.

Hay una segunda oportunidad hoy esperando por ti, hay esperanza de salvación para ti y tu familia; ya no habrá pasado, ni condena que te impidan alcanzar la salvación.

Hechos 16:30-31 Reina-Valera 1960 (RVR1960)

> *[30] y sacándolos, les dijo: Señores, ¿qué debo hacer para ser salvo?*
>
> *[31] Ellos dijeron: Cree en el Señor Jesucristo, y serás salvo, tú y tu casa.*

Juan Carlos Pérez

Capítulo 5

Ha llegado tu hora.

Juan Carlos Pérez

Querido amigo lector hoy es el día que Dios escogió para tu reconciliación, este día fue trazado antes de la fundación del universo para que vuelvas tu rostro a Dios.

Marcos 8:36La Biblia de las Américas (LBLA)

³⁶ Pues, ¿de qué le sirve a un hombre ganar el mundo entero y perder su alma?

Pienso un minuto en estas palabras... en este punto... si Dios en este preciso instante decide que tú dejes de existir y mueras. ¿A dónde iría tu espíritu?

Ahora bien todos creemos en Dios, y él dice que tiene un adversario Satanás; Dios es rey del cielo donde no hay llanto ni dolor, donde las calles son de oro, los mares de cristal, donde no hay sufrimiento y el habita en medio de su pueblo.

Satanás en cambio, es el príncipe del mal y la mentira, tiene un trono en el infierno, este es un lugar de tormento donde la llama no se extingue y el gusano nunca muere, Donde hay quejas,

Juan Carlos Pérez

lamentos y demonios atormentándote 24 horas del día.

¿En dónde te gustaría estar?... Pero... ¿si hoy mueres a dónde irías?

Ciertamente los dos lugares son eternos y la única decisión la tienes tú.

Déjame decirte que no importa si tienes un título de bachiller, universitario, cursos, cargos en una empresa, casas, fincas, tecnología o una posición jerárquica en la sociedad que haga que puedas adquirir la salvación.

Todo esto es efímero cuando de salvación se trata, solo existe una manera de adquirirla y es a través de Jesús.

Si fuera necesario yo mismo pondría mi vida para que tú recibiera la salvación, pero esto ya no depende de mí sino de ti; y la decisión que sólo tú puedes tomar.

Hoy es el momento, es tu hora, es tu oportunidad, recíbelo en este momento.

Juan Carlos Pérez

Pero antes de cualquier cosa quiero que sepas que a mí no me interesa que tú seas evangélico, sino que tengas un estilo de vida agradable ante los ojos de tu creador y puedas ser aceptado en el cielo.

Si cree de todo corazón que puede ser salvo a través de Jesús repite conmigo esta oración tan fuerte como tú te puedas escuchar:

Señor Jesús, hoy me arrepiento de todos mis pecados y transgresiones, hoy te aceptó como único rey y Salvador, Jesús escribe mi nombre en el libro de la vida que está en el cielo.

Juan Carlos Pérez

Capítulo 6

¡Ya basta!

Juan Carlos Pérez

Ya basta dijo Jesús; Han convertido el templo en cueva de ladrones.

En aquellos tiempos se vendían animales en el templo para el sacrificio y eso le molestó tanto que llego al punto de tirar las mesas, y correr todos del lugar; algunos llaman a esta actitud de Jesús, ira Santa o selo santo; yo llamaría a eso como una actitud justificada, como lo es el sentido de pertenencia, algo que Jesús tenía muy claro con respecto a lo que es de su propiedad.

Ejemplo: imaginan en estos momentos que tienes una casa la cual adquiriste con mucho sacrificio y sudor, le hiciste un par de remodelaciones compraste muebles lindos y costosos, le diseñaste hasta una cocina espectacular y unas alcobas de película, la cual disfrutas con tu familia; ahora bien, imagina que tienes un amigo en el cual confías y le prestas tu casa, luego de unos días regresas y consigues en tu casa una fiesta con muchas personas; ahora imagina, que los muebles los cuales obtuviste con mucho esfuerzo están manchados y algunas de ellas saltan encima, tu cocina con platos rotos y comida derramada por todos lados y tu sorpresa mayor; cuando entran a la habitación consigues a unos chicos teniendo relaciones.

Juan Carlos Pérez

¿Cómo actuaría? ¿Cuál sería tu actitud al ver aquello?
Muchos bromearan con esta respuesta.
Los pondría limpiar; Que sería la más obvia,
Pero quién de ellos, intoxicados de alcohol y drogas te haría caso, ninguno ¿cierto?
La más lógica la cual yo tomaría sería correrlo a todos, le diría a quien creí mí amigo:
- cómo es posible que hayas convertido mi casa en un burdel de mala muerte, vete ahora mismo de mi casa.
Eso es tener sentido de pertenencia, por algo que adquiriste con mucho esfuerzo y por ende te va a doler.

Mateo 21:12-16Nueva Versión Internacional (NVI)

[12] Jesús entró en el templo y echó de allí a todos los que compraban y vendían. Volcó las mesas de los que cambiaban dinero y los puestos de los que vendían palomas. [13] «Escrito está —les dijo—: "Mi casa será llamada casa de oración"; pero ustedes la están convirtiendo en "cueva de ladrones".»

Juan Carlos Pérez

Algo similar atravesó Jesús en ese momento.

Hoy podríamos decir que está sucediendo Algo similar en la iglesia del siglo XXI; vemos personas haciendo del Evangelio un negocio para lucrarse y ser millonario, los vemos comprando casas lujosas y carro último modelo, pero qué malo que lo hagan a costa del Evangelio; y peor aun llevando un mensaje mercantilista lleno de psicología y manipulación; yo me pregunto ¿dónde está su obra social, Dónde están las personas que ayudan económicamente, en qué lugar tienen al desamparado, al sin hogar al drogadicto, al delincuente? parece que a ellos se les olvidaron estos textos:

Dios Habla Hoy	Reina Valera 1960
"Si hay algún pobre entre tus compatriotas en alguna de las ciudades del país que el Señor tu Dios te da, no seas inhumano ni le niegues tu ayuda a tu compatriota necesitado. **Deuteronomio 15.7**	Cuando haya en medio de ti menesteroso de alguno de tus hermanos en alguna de tus ciudades, en la tierra que Jehová tu Dios te da, no endurecerás tu corazón, ni cerrarás tu mano contra tu hermano pobre. **Deuteronomio 15.7**

Juan Carlos Pérez

Nunca dejará de haber necesitados en la tierra, y por eso yo te mando que seas generoso con aquellos compatriotas tuyos que sufran pobreza y miseria en tu país. **Deuteronomio 15:11**

Practiquen en este lugar la justicia y la rectitud, libren del explotador al oprimido, no humillen ni maltraten a los extranjeros, los huérfanos y las viudas. No maten gente extranjera en este lugar. **Jeremias 22.3**

Pues si uno es rico y ve que su hermano necesita ayuda, pero no se la da, ¿cómo puede tener amor de Dios en su corazón? **1 Juan 3:17**

Supongamos que a un hermano o a una hermana les falta la ropa y la comida necesarias para el día; 16 si uno de ustedes les dice: "Que les vaya bien; abríguense y coman todo lo

Porque no faltarán menesterosos en medio de la tierra; por eso yo te mando, diciendo: Abrirás tu mano a tu hermano, al pobre y al menesteroso en tu tierra. **Deuteronomio 15:11**

Así ha dicho Jehová: Haced juicio y justicia, y librad al oprimido de mano del opresor, y no engañéis ni robéis al extranjero, ni al huérfano ni a la viuda, ni derraméis sangre inocente en este lugar. **Jeremias 22.3**

Pero el que tiene bienes de este mundo y ve a su hermano tener necesidad, y cierra contra él su corazón, ¿cómo mora el amor de Dios en él? **1 Juan 3:17**

Y si un hermano o una hermana están desnudos, y tienen necesidad del mantenimiento de cada día, 16 y alguno de vosotros les dice: Id en paz, calentaos y saciaos, pero no les dais

que quieran", pero no les da lo que su cuerpo necesita, ¿de qué les sirve? **Santiago 2.15-16**

¡Aprendan a hacer el bien, esfuércense en hacer lo que es justo, ayuden al oprimido, hagan justicia al huérfano, defiendan los derechos de la viuda!" **Isaías 1:17**

Entonces ellos le preguntarán: 'Señor, ¿cuándo te vimos con hambre o con sed, o como forastero, o falto de ropa, o enfermo, o en la cárcel, y no te ayudamos?' 45 El Rey les contestará: 'Les aseguro que todo lo que no hicieron por una de estas personas más humildes, tampoco por mí lo hicieron.' 46 Esos irán al castigo eterno, y los justos a la vida eterna." **Mateo 25:44-46**

las cosas que son necesarias para el cuerpo, ¿de qué aprovecha? **Santiago 2.15-16**

Aprended a hacer el bien; buscad el juicio, restituid al agraviado, haced justicia al huérfano, amparad a la viuda. **Isaías 1:17**

Entonces también ellos le responderán diciendo: Señor, ¿cuándo te vimos hambriento, sediento, forastero, desnudo, enfermo, o en la cárcel, y no te servimos? 45 Entonces les responderá diciendo: De cierto os digo que en cuanto no lo hicisteis a uno de estos más pequeños, tampoco a mí lo hicisteis. 46 E irán éstos al castigo eterno, y los justos a la vida eterna. **Mateo 25:44-46**

Sacaron a Jesús de sus mensajes, del púlpito y trajeron a la prosperidad.

Juan Carlos Pérez

Con esto no digo que sea malo ser próspero, o querer tener éxito financiero en nuestra vida, o que se predique estos temas sólo que eso no es el todo de las cosas, la prosperidad y la riqueza es efímeras, con esto no puedes comprar felicidad, amor o lo más importante aún la salvación.

Puedes tener riquezas y ser realmente infeliz; he leído y escuchado de millonarios que se suicidad, esposos buscando otras mujeres o viceversa fuera del matrimonio y tratando de comprar amor y fracasar.

¡Ya basta! no te dejen engañar; porque un hombre simplemente tenga una Biblia debajo del brazo, he visto hombres actuar y manipular con psicología, para despojar a los verdaderos hijos de Dios de sus bendiciones.

Ejemplo: en una oportunidad visite una iglesia el hombre como de costumbre hablaba de prosperidad y en cierto momento se tocó el pecho y se estremecía y decía:

el señor me está hablando en este preciso momento y me dice que todo el que tenga más de dos casas, más de dos carros, prendas de oro u objetos de valor que traiga uno al altar, y lo más aterrador aún dijo: el que quiera un carro o una casa mejor, del que ya tiene, ¡tráigala! siembra al señor, que el señor le dará una mejor, si das un carro, Dios te da una camioneta, si das tu casa Dios te dará una quinta de dos pisos.

Claro todo esto después de predicar un elocuente mensaje lleno de psicología conductiva.

¡Claro! habló todas estas cosas porque al igual que muchos caí en las garras de esta persona, no con una casa ni con un carro, pero sí con un celular que tenía; recuerdo que me costó mucho ahorrar para adquirirlo, era muy joven y hoy con risas recuerdo que el día siguiente estaba incomunicado y sin celular obviamente.

Pero conocí a un hombre, el cual le comenté que era cristiano, y que asistía a una iglesia. Él me dijo: ¡del Evangelio no quiero saber nada!; Pregunté ¿por qué?; me contó su historia personalmente. Que no era profesional y con mucho esfuerzo compró un carro para trabajar de taxista y poder generar ingresos para el sustento de su esposa y dos hijos.

Este hombre al escuchar aquel mensaje entregó su carro y adivinen ¿qué?, Obviamente se quedó sin carro, sin trabajo, sin la camioneta que le prometieron Jesucristo le daría, y sin poder sustentar a su familia.

Pero lo que más le molesto de todo esto fue lo que le dijo este predicador un día saliendo de la iglesia; me comenta que esperaba un taxi para regresar a casa, cuando en ese momento pasa el pastor en su carro último modelo; para su vehículo frente a él y le pregunta ¿para dónde vas? El responde ¡para mi casa pastor!, el pastor pregunta ¿y tú carro?, Mi amigo responde no se acuerda yo lo sembré a la iglesia; pregunta el pastor nuevamente ¿y porque no has comprado otro varón?, Mi amigo responde, no se pastor no he podido, y por último el pastor responde, ¡varón! Eso es falta de fe, eso es falta de fe, bueno que el señor te bendiga nos vemos el jueves; este se retiró sin ni siquiera darle el aventón o dinero para pagar el taxi.

Juan Carlos Pérez

En realidad esta es la expresión más mezquina y miserable de un hombre el cual dice ser pastor de una iglesia.

Le comenté en ese momento que a mí me sucedió algo similar pero con un celular y los dos nos reímos durante un rato.

Le pregunté que por cuánto tiempo había deseado ese carro y que por cuánto tiempo le pidió a Dios, me dijo que alrededor de cinco años, que con fe y esfuerzo reunión dinero y una persona decidió venderle un carro por un valor inferior al que tenía en el mercado para en ese momento y que sintió que era una bendición del cielo.

Le dije: correctamente fue una bendición de Dios el cual intervino a tu favor hasta que te la dejaste robar.

Le seguí comentando; amigo Dios no actúa de esa manera, no es posible que el té de algo que tanto pediste para el sustento de tu familia y luego quitártelo. Si eso fuera así, Dios no sería justo y estaría jugando contigo y el bienestar de tu familia, Jesús no tiene la culpa que personas

Juan Carlos Pérez

anden en la vida usando su nombre para estafar; pero no te preocupes todos rendiremos cuentas en su debido momento ante su presencia, sólo te digo que Jesús no tiene la culpa; busca una iglesia donde prediquen la verdad; tienes que leer mucho la biblia para adquirir conocimiento y no caer de nuevo en esos engaños.

Oseas 4:6Nueva Versión Internacional (NVI)

⁶ pues por falta de conocimiento mi pueblo ha sido destruido.

Hoy en día se congregará en una iglesia donde predican una sana doctrina; con el sudor de su esfuerzo y la ayuda de Dios adquirió un nuevo vehículo el cual le sirve como herramienta de trabajo para sustentar a su familia.

Les comento esto porque quizás tu tengas un mal concepto del Evangelio, pero como dije Jesús no tiene la culpa, que personas corrompan su mensaje, Él es el único que puede sacarte dónde estás y darte un nuevo estilo de vida lleno de amor y salvación.

Juan Carlos Pérez

Hoy también hemos hecho del templo, de la casa del señor una cueva de ladrones, ya basta es hora de predicar las buenas nuevas de salvación Dios envió a morir a su hijo por amor a las almas no por amor a la prosperidad.

No te dejes engañar por personas sin escrúpulos, Amadores de sí mismos avaros y herejes.

Es hora de que se regresar a la senda antigua y prediquemos a Jesús El Salvador.

Amado ministro del señor no dejes que fuego extraño llene tu corazón y te desvíes de la senda de justicia y la verdad que es Cristo Jesús.

Este es el momento para deja de preparar el camino de la venida de la prosperidad y empecemos a predicar la segunda venida de Jesús el resucitado y glorificado.

En estos tiempos debemos entender que Dios quiere levantar una generación apostólica y profética un ejército de verdaderos guerreros arrebatadores del reino, Dios quiere en estos

Juan Carlos Pérez

tiempos adoradores en espíritu y en verdad, una generar conforme a su corazón.

Hoy declaro que se despierta una generación que se mueve en las tres dimensiones del reino fe unción y gloria, esta será la generación que preparara la segunda venida de Cristo.

Hoy se desata la lluvia temprana y tardía sobre tu ciudad, tu familia, tu trabajo; llega el avivamiento de gloria todo lo muerto en la sequía revive y flores.

Juan Carlos Pérez

Capítulo 7

Tropiezos.

1 Corintios 10:12 Reina-Valera 1960 (RVR1960)

12 Así que, el que piensa estar firme, mire que no caiga.

Juan Carlos Pérez

Durante muchos años en mi corta vida, he podido experimentar los tropiezos, de los cuales ninguno estamos exentos; Todo ser humano está propenso a ser atacado por sus debilidades y flaquezas, yo mismo he caído en varias oportunidades y aún entre todos; me considero el peor de los pecadores, pero doy gracias a Jesús que me lavo con su sangre, me levantado y me ha incitado a seguir adelante.

1 Corintios 10:12 Reina-Valera 1960 (RVR1960)

12 Así que, el que piensa estar firme, mire que no caiga.

Incluso Jesús dijo:

Juan 17:15 Reina-Valera 1960 (RVR1960)

15 No ruego que los quites del mundo, sino que los guardes del mal.

Jesús sabe que todos podemos ser influenciados por el mal, con esto arrojó a la luz de la verdad nuestra debilidad, fragilidad carnal y mortal.
¿No sé cuántas veces usted ha visto a un cristiano caer o desviarse de su verdadero propósito?

Juan Carlos Pérez

Incluso el apóstol Pablo dice:

Romanos 7:13-20 Reina-Valera 1960 (RVR1960)

13 ¿Luego lo que es bueno, vino a ser muerte para mí? En ninguna manera; sino que el pecado, para mostrarse pecado, produjo en mí la muerte por medio de lo que es bueno, a fin de que por el mandamiento el pecado llegase a ser sobremanera pecaminoso.

14 Porque sabemos que la ley es espiritual; más yo soy carnal, vendido al pecado.

15 Porque lo que hago, no lo entiendo; pues no hago lo que quiero, sino lo que aborrezco, eso hago.

16 Y si lo que no quiero, esto hago, apruebo que la ley es buena.

17 De manera que ya no soy yo quien hace aquello, sino el pecado que mora en mí.

18 Y yo sé que en mí, esto es, en mi carne, no mora el bien; porque el querer el bien está en mí, pero no el hacerlo.

Juan Carlos Pérez

¹⁹ Porque no hago el bien que quiero, sino el mal que no quiero, eso hago.

²⁰ Y si hago lo que no quiero, ya no lo hago yo, sino el pecado que mora en mí.

Como podemos observar el apóstol Pablo habla de su naturaleza carnal, la cual es muy difícil de controlar para todo ser humano.

Debemos entender que todos estamos creados por; cuerpo, alma y espíritu.
El cuerpo es el vehículo del espíritu.
El espíritu es ese soplo de vida que Dios nos dio al nacer.
El alma es donde se manejan todas las emociones.
Ahora bien el cuerpo infectado de pecado le gusta hacer el mal, y al tener una cultura pecaminosa, implantada por el sistema de una sociedad perversa, complica más el asunto para poder dejar todo lo malo atrás de la noche a la mañana, por eso nuestra inclinación hacia el pecado.
El espíritu es Santo y eterno, porque viene de Dios y siempre desea el bien, por eso nosotros tenemos un deseo inherente de aferrarnos a la vida. Nadie quiere morir.

Juan Carlos Pérez

Usted puede darse cuenta en un hospital, donde están las personas con enfermedades terminales su deseo más grande es seguir con vida.

Incluso muchas personas que lograron grandes riquezas, han tenido que invertirla toda, en busca de una cura, todo esto para aferrarse a la vida, esto es el deseo de nuestro espíritu.

Ese espíritu es eterno y está codificado para estar en tres lugares, en tu cuerpo, en el cielo y en el infierno.

Mientras está en nuestro cuerpo tiene una batalla espiritual constante con la carne, él sabe que se juega su eternidad pero esto no depende de si, también depende del cuerpo carnal, que es el encargado en la tierra de obtener el boleto sin retorno del espíritu al cielo o al infierno.

Ahora bien el alma son nuestras emociones y son en estas en las que debemos enfocarnos, porque estas son las que le dan los comandos de actuación a nuestro cuerpo; debemos aprender y practicar el arte de poder dominar nuestras emociones, sé que no lo haremos de un día para otro como por arte de magia, pero con la práctica podremos dominar nuestra alma y por ende las acciones que ejecuta nuestro cuerpo.

Juan Carlos Pérez

Ejemplo: imagina tu alma, tu cuerpo y tu espíritu por separado.

El cuerpo siempre va a querer hacer el mal, guiado por tus decisiones (alma) y el espíritu siempre va a querer tener un acercamiento con su creador Dios. ¿Cuál de ellos está guiando tu vida en estos momentos?

La única manera en que puedes dominar un arte, es cuando tienes a un maestro que ya las domino para así poder imitarlo y ese maestro se llama Jesús, sigue sus pasos y te aseguro que el único boleto sin retorno que obtendrá tu espíritu es a una dimensión eterna junto a su creador.

Con esto no quiero justificar a nadie a pecar. Debemos tener claro que la paga del pecado es muerte.

Romanos 6:23 Reina-Valera 1960 (RVR1960)

²³ Porque la paga del pecado es muerte, más la dádiva de Dios es vida eterna en Cristo Jesús Señor nuestro.

Juan Carlos Pérez

Capítulo 8

Nada de héroes.

Mateo 22:39 Reina-Valera 1960 (RVR1960)

^{39} Y el segundo es semejante: Amarás a tu prójimo como a ti mismo.

Juan Carlos Pérez

Hoy es un día para analizar la realidad, un persona por el hecho de aceptar a Cristo no se convierte en súper héroe, de ninguna manera; sigue siendo humano débil y frágil propenso al pecado he irremediablemente sigue siendo un mortal más de esta tierra.
Puede que tú no seas cristiano y estén leyendo estas líneas; pero una cosa caracteriza al no creyente y el creyente y son las debilidades y la muerte, todos las tenemos y a todos nos llega la hora de partir de este mundo.

Hay cristiano que tomas el rol de juez, dictando sentencia de muerte contra su hermano no creyente, Y dices: no esa persona ni Dios la puede cambiar, en un asesino, es un ladrón, es una prostituta, un promiscuo, un chismoso, un mal pensado entre otras cosas y si, lo antes mencionado son pecados y esas personas son pecadores al igual que tú y yo.

1 Pedro 2:24Reina-Valera 1960 (RVR1960)

^{24} quien llevó él mismo nuestros pecados en su cuerpo sobre el madero, para que nosotros,

Juan Carlos Pérez

estando muertos a los pecados, vivamos a la justicia; y por cuya herida fuisteis sanados.

¿Acaso Jesús no murió por ellos?
¿Acaso no recuerdas de donde Jesús nos saco?
Porque entonces distorsionar la verdad absoluta de Cristo, que es perdonar y amarnos, amar es nuestro destino como el perdonar.

Mateo 22:39 Reina-Valera 1960 (RVR1960)

^{39} Y el segundo es semejante: Amarás a tu prójimo como a ti mismo.

Hay amigos que no tienen a Jesús en su corazón y juzgas a un hermano creyente; no ven el esfuerzo de el para darte el mismo regalo que adquirió por gracia, esto es regalo no merecido; sólo para que tenga un mejor destino.
Es hora que no miremos como lo que somos humanos débiles y mortales.
Rompiendo esta barrera de prejuicios quisiera explicar la realidad de las cosas; los tropiezos están a la puerta esperando por nosotros, algunos ya han tropezado otro están por tropezar y otros ni siquiera saben que caerán.

Juan Carlos Pérez

Satanás está siempre tratando de hacernos caer y de guiarlos al mal; pero la fortaleza de Dios también está a la puerta, como cual fuente de agua, esperando sólo por un clamor para derramarse sobre ti.

2 Corintios 12:9Reina-Valera 1960 (RVR1960)

⁹ Y me ha dicho: Bástate mi gracia; porque mi poder se perfecciona en la debilidad. Por tanto, de buena gana me gloriaré más bien en mis debilidades, para que repose sobre mí el poder de Cristo.

De algo estoy seguro en este momento y es tan cierto como que Dios existe; hay vida después de la muerte; Vida eterna celestial y vida eterna infernal, Una de estas dos vidas será nuestro destino irremediablemente y esa decisión se encuentra en nuestras manos, con nuestros actos labraríamos el camino a una de ellas.
¡Ya deja de tropezar con la misma piedra, Jesús murió para darte la fortaleza que necesita!

Juan Carlos Pérez

Capítulo 9

El avivamiento.

Juan 14:12 Reina-Valera 1960 (RVR1960)

¹² De cierto, de cierto os digo: El que en mí cree, las obras que yo hago, él las hará también; y aún mayores hará, porque yo voy al Padre.

Juan Carlos Pérez

AVIVA:
Viene del hebreo חָיָה *kjaiá; raíz prim. vivir, y significa:-avivar, conservar, mantener, otorgar, preservar, quedar, reanimar, resucitar, revivir, salvar, sanar, vida, vivificar, vivir, vivo.*

Algo que debemos tener muy claro es que la palabra avivamiento no aparece ni una sola vez en la Biblia.

El hecho de que se pueda hablar en lenguas, que se pueda reír descontroladamente, que se estremezca, que caiga el piso, porque alguien le impuso las manos, o puso una chaqueta sobre usted no quiere decir que haya avivamiento ciertamente estas cosas son manifestaciones del espíritu, pero no es un verdadero avivamiento.

Durante los siglos pasados han sucedido avivamientos poderosos sobre la tierra.

- Avivamiento de gales, una nación entre gran Bretaña e Inglaterra; *en 1904 Evans Roberts un joven de 26 años; A* Quien Dios uso para traer un verdadero arrepentimiento a más de 100.000 personas.

Juan Carlos Pérez

- Avivamiento de la calle 312 azusa, los ángeles estados unidos; *en 1905 William Joseph Seymour; A quien Dios uso fervientemente durante 3 años*; sus servicios se realizaron 24 horas al día en todo este tiempo cada servicio sobrepasaba las mil personas y su avivamiento trajo a los pies de Jesús a más de 600 millones de personas alrededor del mundo y aún existen iglesias que nacieron de ese avivamiento.

Las características de esos avivamientos son:

* *Hubo arrepentimiento profundo.*
* *Lloraron con remordimiento.*
* *Los servicios de oración estaban llenos de gente desde las primeras horas de la mañana, por no poder dormir por la presencia de Dios sobre ellos.*
* *La gente gritó: « ¡Estoy muriendo!», por el peso del Calvario sobre el alma.*
* *Hubo una explosión de adoración, oración y alabanza, alcanzando cimas espirituales increíbles.*
* *La gente comenzó a profetizar.*

Juan Carlos Pérez

* *El alcoholismo fue dejado; las bebidas quedaron en las tabernas sin ser tocadas cuando la convicción y el temor de Dios venía sobre ellos.*
* *Ola tras ola del Espíritu Santo afectó a la sociedad; el tema de la gente era Dios. Las apuestas en los juegos y la obsesión por ellos prácticamente desaparecieron. En esta visitación parecía que nadie le interesaba las distracciones del deporte o entretenimientos de su tiempo, porque la gente ahora estaba apasionada por el Señor. Dicen los historiadores que, al parecer, la nación hubiera sido convertida en un día, y no sólo convertida sino transformada. Las cartas que se enviaban unos a otros parecía que llevaban la misma presencia del Señor: cuando eran leídas por inconversos, estos se salvaban y empezaba un mover del Espíritu Santo también en ellos.*
* *Las reuniones políticas fueron pospuestas, porque los miembros del parlamento estaban en las reuniones de avivamiento.*
* *Las compañías teatrales desistieron de ir a Gales porque ya nadie asistía a sus espectáculos.*
* *Los convertidos a Cristo caían al suelo, atormentados por el pecado con tal desesperación que pedían a gritos la misericordia de Dios, como si tuvieran un dolor físico y se arrepentían.*

Juan Carlos Pérez

Cuando la gente quería retirarse de las reuniones, a las 2:00-3:00 de la mañana, los nuevos convertidos no podían irse porque continuaban cantando, orando y a veces riendo incontrolablemente, hasta que las reuniones de oración se extendían hasta el amanecer.

Éstos avivamientos fueron tan poderosos que las cárceles quedaron vacías, los estadios quedaron solos; los deportistas salieron a predicar, los artistas y políticos estaban entre la multitud escuchando los sermones y otros en los coros de la Iglesia cantando alabanzas a Dios.

Pero ¿cómo inicia un avivamiento?

Se inicia en el corazón de un hombre o mujer, pero antes existía en la mente y corazón de Dios. wow!
Esto es la eternidad revelar al hombre para que se ejecute en la tierra; que poderosa verdad.

Dios no puede descender y hacerlo el solo, y te preguntas ¿porque?, es porque Nuestros cuerpos no aguantarían su presencia, su gloria, su poderío; moriríamos al instante; por eso Dios necesita un hombre dispuesto a realizar esos sueños que él tiene para la humanidad.

Hay algo llamado unción que es el poder de Dios que opera a través del hombre para hacer su voluntad.

Hebreos 2:7 Reina-Valera 1960 (RVR1960)

⁷ Le hiciste un poco menor que los ángeles, Le coronaste de gloria y de honra, Y le pusiste sobre las obras de tus manos.

He leído libros de angiología, éstos hablan de que cada ángel tiene su propio poder, esto lo hace a ellos mayores que nosotros y el texto anterior así lo confirma; pero lo que ellos no pueden operar es el poder de Dios, lo cual nosotros sí podemos hacer mediante la unción.

Ciertamente hoy podemos ver muchos hombres con unción, los cuales estos han distorsionado el propósito de ese gran poder buscando fama, reconocimiento y su objetivo es tener una mega iglesia.

Juan Carlos Pérez

Pero ese no es el verdadero propósito de Jesús al darte unción;
Él te da esa unción es para que hagas cosas mayores.

Juan 14:12 Reina-Valera 1960 (RVR1960)

[12] De cierto, de cierto os digo: El que en mí cree, las obras que yo hago, él las hará también; y aún mayores hará, porque yo voy al Padre.

Pero este texto revela algo más allá de lo carnal algo colosal algo sin precedentes; ¿quiere saber algo? Fama tuvo Jesús, reconocimiento tiene Jesús; mega iglesia tuvo, tiene, y tendrá Jesús.

Ese es el verdadero propósito de su unción, es que puedas avivar el planeta, reconciliar y llevar a toda la humanidad a un verdadero arrepentimiento hacia Dios.

Cuando miramos al pasado y vemos hombres como Isaías, Jeremías, Elías, Eliseo, y Juan el Bautista los cuales usaron la unción que le fue otorgada preparando los corazones de miles para la venida de Cristo, ellos trajeron avivamiento en sus tiempos.

Pero si queremos ver el mayor ejemplo de un avivamiento de amor es el de Jesús, Maestro de maestros, ningún avivamiento ni antes ni después ha sido como tal y sólo tres años fueron suficiente para trastornar a toda la humanidad hasta nuestros tiempos: que hasta la historia tuvo que dividirse en dos, para marcar la grandeza de sus actos en un antes de Jesús y un después de Jesús y su avivamiento aún está vigente; porque digo que aún, porque es por el que atraemos una avivamiento, él es el motivo él es la estrella de tales avivamiento.

El trasfondo de todo avivamiento es que la humanidad pueda acercarse a Dios, arrepentidos de corazón para que sean herederos de un lugar en la eternidad con él, para que sean herederos de la promesa de salvación, por eso es que el verdadero propósito de Jesús es que hagas cosas mayores de las que él hizo.

Juan Carlos Pérez

Capítulo 10

Calma tu sed.

Juan 4:10-14 Reina-Valera 1960 (RVR1960)

¹⁰ Respondió Jesús y le dijo: Si conocieras el don de Dios, y quién es el que te dice: Dame de beber; tú le pedirías, y él te daría agua viva.

Juan Carlos Pérez

Jueces 15:18-19 Reina-Valera 1960 (RVR1960)

¹⁸ *Y teniendo gran sed, clamó luego a Jehová, y dijo: Tú has dado esta grande salvación por mano de tu siervo; ¿y moriré yo ahora de sed, y caeré en mano de los incircuncisos?*

¹⁹ *Entonces abrió Dios la cuenca que hay en Lehi; y salió de allí agua, y él bebió, y recobró su espíritu, y se reanimó. Por esto llamó el nombre de aquel lugar, En-hacore, el cual está en Lehi, hasta hoy.*

Sed:
1. f. Gana y necesidad de beber.
2. f. Necesidad de agua.
3. f. Apetito o deseo ardiente de agua.
1. fr. Tomar incentivos que la causen, o esperar algún tiempo hasta tenerla.
1. adj. Falta de contenido físico o mental.

Durante muchas décadas hasta la actualidad vemos como generaciones tras generaciones van tras la búsqueda de saciar una sed, que es imposible de saciar y de encontrar la fuente que

Juan Carlos Pérez

puede lograr saciar esa sed, y a costa de cualquier precio, sin importar las personas que están a su alrededor, podemos ver como los jóvenes engañan a las chicas en busca del sexo y cuando se dan cuenta que no era lo que buscaban rompen el corazón de alguien inocente, jóvenes amadores del dinero, creyendo que el dinero será la fuente de su felicidad, son capaces de hacer hasta lo impensable, jovencitas prostituyéndose por dinero, jóvenes robando y asesinado por dinero, hombres y mujeres promiscuas con 2, 3 y 4 parejas diferentes al mes y ellos mismos no se explican el porqué de sus actitudes, pero siguen haciéndolas, solo porque están buscando algo tan anhelado que es saciar aquella sed; esto no es más que el grito desesperado de un espíritu y un alma sedientas; en busca de apaciguar aquella sed que desespera, que asola, que mata.

¡Es un espíritu que grita tengo sed! y a la vez se responde ¡pero no sé qué es! tomo de todo, hago de todo, tratando calmar mi sed pero no logro ser feliz.

Juan Carlos Pérez

Ahora ¿en el momento de la sed que debo hacer? :

1) Estar cociente e identificar el momento que tengo sed.

Sansón en el momento se su sed clamo a Jehová, el no corrió a buscar agua por sí mismo; sansón era un hombre de guerra el conocía el lugar donde peleaba el sabia donde había agua pero el no busco, el clamo a Dios.
Cuantos de nosotros en el momento que la sed ataca, que estamos en medio de aquella sequia corremos en busca de aquella fuente y nos tiramos en cuanto charco se nos atraviesa y bebemos sin importar si esa agua está contaminada.

2) Debo ir a la fuente correcta:

Déjame darte la mejor noticia de tu vida yo conozco una fuente que puede saciar tu sed y llenar ese vacío.

Juan Carlos Pérez

Juan 4:10-14 Reina-Valera 1960 (RVR1960)

^{10} Respondió Jesús y le dijo: Si conocieras el don de Dios, y quién es el que te dice: Dame de beber; tú le pedirías, y él te daría agua viva.

^{11} La mujer le dijo: Señor, no tienes con qué sacarla, y el pozo es hondo. ¿De dónde, pues, tienes el agua viva?

^{12} ¿Acaso eres tú mayor que nuestro padre Jacob, que nos dio este pozo, del cual bebieron él, sus hijos y sus ganados?

^{13} Respondió Jesús y le dijo: Cualquiera que bebiere de esta agua, volverá a tener sed;

^{14} mas el que bebiere del agua que yo le daré, no tendrá sed jamás; sino que el agua que yo le daré será en él una fuente de agua que salte para vida eterna.

Juan 7:37-38 Reina-Valera 1960 (RVR1960)

Juan Carlos Pérez

³⁷ En el último y gran día de la fiesta, Jesús se puso en pie y alzó la voz, diciendo: Si alguno tiene sed, venga a mí y beba.

³⁸ El que cree en mí, como dice la Escritura, de su interior correrán ríos de agua viva.

Hoy quizás tú seas o quizás no de las personas que hizo lo malo para calmar esa sed y llenar ese vacío ; o quizás seas cristiano de esos que han seguido la voz de Dios y has tenido victorias en nombre de jehová, pero como sansón sigues teniendo sed, tal vez lograste plantar un betel, tener discípulos, conseguiste una pareja, graduarte de bachiller, entrar en la universidad y empezar la carrera que tanto querías, lograste conciliar un hogar, conseguiste un trabajo, y todavía el enemigo te persigue, te asecha, todavía hay problemas y discusiones con papi o con mami y llega el momento donde te detienes y te das cuenta que tienes sed y dices como dice sansón: Tú has dado esta grande salvación por mano de tu siervo; ¿y moriré yo ahora de sed, y caeré en mano de los incircuncisos?

Juan Carlos Pérez

Juan 19:34 Reina-Valera 1960 (RVR1960)

^{34} Pero uno de los soldados le abrió el costado con una lanza, y al instante salió sangre y agua.

Es esta agua la que quita la sed, te invito a que te acerques a la cruz hay donde el yace atravesado por la lanza y de su herida brota esa agua que quita la sed para siempre.

Hoy no estamos en lehi hoy estas en betel solo clama y Dios abrirá la cuenca de donde brota el agua fresca, el agua que saciara tu ¡sed!

Juan Carlos Pérez

Capítulo 11

Vidas marchitas.

Eclesiastés 12:1 Reina-Valera 1960 (RVR1960)

12 Acuérdate de tu Creador en los días de tu juventud, antes que vengan los días malos, y lleguen los años de los cuales digas: No tengo en ellos contentamiento;

Juan Carlos Pérez

Otra versión:
"No dejes que la emoción de la juventud te lleve a olvidarte de tu Creador. Hónralo mientras seas joven, antes de que te pongas viejo y digas: «La vida ya no es agradable»" Eclesiastés 12:1 (Nueva Traducción Viviente).

Juventud:
1. f. Edad que se sitúa entre la infancia y la edad adulta.
2. f. Estado de la persona joven.
3. f. Conjunto de jóvenes.
4. f. Primeros tiempos de algo
5. f. Energía, vigor, frescura.

A muchos la juventud les hace creer que son dueños del mundo por el vigor, la energía y la frescura de sus años, que no necesitan acercarse a Dios, que para hacer eso faltan muchos años hasta ya estar viejo. La realidad es que Dios quiere que cada uno de nosotros lo reconozcamos como Señor y Salvador de nuestra vida entre tanto hay tiempo.

Juan Carlos Pérez

¿Porque Dios quieres usarte en tu juventud?
En esta edad es donde tú tienes la energía el vigor y esa frescura que Dios quiere aprovechar.
Es en esta edad que Dios da ideas creativas para que puedas hacer grandes cosas.
Los jóvenes, no son como un vaso de agua que se llena, sino como un fuego que se enciende.

Josué 14:10-12 Reina-Valera 1960 (RVR1960)

[10] Ahora bien, Jehová me ha hecho vivir, como él dijo, estos cuarenta y cinco años, desde el tiempo que Jehová habló estas palabras a Moisés, cuando Israel andaba por el desierto; y ahora, he aquí, hoy soy de edad de ochenta y cinco años.

[11] Todavía estoy tan fuerte como el día que Moisés me envió; cual era mi fuerza entonces, tal es ahora mi fuerza para la guerra, y para salir y para entrar.

[12] Dame, pues, ahora este monte, del cual habló Jehová aquel día; porque tú oíste en aquel día que los anaceos están allí, y que hay ciudades

Juan Carlos Pérez

grandes y fortificadas. Quizá Jehová estará conmigo, y los echaré, como Jehová ha dicho.

El no dijo tengo 85 pero con mis experiencia en Batalla, la sabiduría de mis años me siento de 120. Nooooooo!!!!
Él no se sintió viejo, él se sintió joven como de 45 para conquistar su monte.
¡Wow!
Joven que estás leyendo estas palabras; es en tu juventud es que vas a conquistar tu familia, tu bachillerato, tú carrea universitario, tú Esposa.
Joven despierta no le sirvas a Dios cuando Lo que quede de ti sea un pedazo de bagazo.

Ahora bien Caleb empleo la juventud para conquistar su bendición.

Veamos quienes más empleo su juventud al servicio de Dios.

Samuel:

1 Samuel 3:1Reina-Valera 1960 (RVR1960)

Juan Carlos Pérez

3 El joven Samuel ministraba a Jehová en presencia de Elí; y la palabra de Jehová escaseaba en aquellos días; no había visión con frecuencia.

El joven Samuel uso su juventud, él podía irse del templo si quería pero no lo hizo, decidió servirle a Dios.
Pero Hablemos del más importante:

Jesucristo.

Lucas 2:42-49 Reina-Valera 1960 (RVR1960)

⁴² y cuando tuvo doce años, subieron a Jerusalén conforme a la costumbre de la fiesta.

⁴³ Al regresar ellos, acabada la fiesta, se quedó el niño Jesús en Jerusalén, sin que lo supiesen José y su madre.

⁴⁴ Y pensando que estaba entre la compañía, anduvieron camino de un día; y le buscaban entre los parientes y los conocidos;

⁴⁵ pero como no le hallaron, volvieron a Jerusalén buscándole.
Juan Carlos Pérez

⁴⁶ Y aconteció que tres días después le hallaron en el templo, sentado en medio de los doctores de la ley, oyéndoles y preguntándoles.

⁴⁷ Y todos los que le oían, se maravillaban de su inteligencia y de sus respuestas.

⁴⁸ Cuando le vieron, se sorprendieron; y le dijo su madre: Hijo, ¿por qué nos has hecho así? He aquí, tu padre y yo te hemos buscado con angustia.

⁴⁹ Entonces él les dijo: ¿Por qué me buscabais? ¿No sabíais que en los negocios de mi Padre me es necesario estar?

El servicio a Dios trae bendición, Caleb sirvió a Dios en el desierto 40 AÑOS y tuvo su recompensa, conquisto su monte su herencia. SAMUEL sirvió en su juventud y recibió su ministerio de sacerdote.

Mateo 20:28 Reina-Valera 1960 (RVR1960)
²⁸ como el Hijo del Hombre no vino para ser servido, sino para servir, y para dar su vida en rescate por muchos.

Juan Carlos Pérez

Jesús sirvió toda su vida y su recompensa fue un lugar en el trono y un nombre sobre todo nombre.
Algo que me llamo la atención es que Caleb dice: como ha dicho jehová, Samuel dijo eme aquí señor y nuestro señor Jesús dijo en los negocios de mi padre me es necesario estar.

Ese fue el verdadero propósito de Jesús el de servir a la humanidad.

Hoy te invito joven que estás leyendo estas líneas, que le digas a Dios eme aquí, en los negocios de mi padre me es necesario estar.
Ellos fueron hombres de servicio y el resultado del servicio es la bendición.
Hoy te invito a que no le entregues un cuerpo desgastado a Dios no le entregues una vida marchita. Entrégale lo mejor de tu juventud y Dios te dará la victoria, te ara conquistar tu monte.
¡Hoy hago un llamado a que le des tu juventud a Dios!

Juan Carlos Pérez

Capítulo 12

Peso de gloria.

Éxodo 34:29 Reina-Valera 1960 (RVR1960)

²⁹ Y aconteció que descendiendo Moisés del monte Sinaí con las dos tablas del testimonio en su mano, al descender del monte, no sabía Moisés que la piel de su rostro resplandecía, después que hubo hablado con Dios.

Juan Carlos Pérez

¿Por qué debemos tener esta experiencia?
Para que nuestra fe esté fundamentada en el poder sobrenatural de Dios; Si no es así cualquier doctrina falsa lo podrá envolver. Necesitamos continuas experiencias con Su presencia, Porque es ahí donde somos transformados.
Muchos cristianos se jactan de los Años que llevan en el cristianismo. Pero lo que hace la diferencia es cuánto tiempo de esos años han estado en la presencia manifestada de Dios.

Todo lo creado tiene un hábitat o ambiente donde funciona. A las aves, en el cielo, al pez en el agua y a las estrellas en el firmamento, y allí cada uno funciona.
Al hombre lo puso en Su presencia.
Ése es el ambiente original donde el hombre fue creado y vivía.
Si saca a un pez del agua muere, Si sumerge un león en el río muere.
Si saca al hombre de la presencia de Dios, definitivamente muere.

Para convertirnos en portadores, cargadores, de Su presencia o de Su gloria.

Juan Carlos Pérez

Moisés tuvo que tener un encuentro con el fuego para sacar a tres millones de hebreos de Egipto. Se necesita uno que esté en fuego para sacar a otros de la esclavitud.
El Encuentro con la presencia de Dios nos llevara a ser libertadores.
Hay gente tratando de ayudar a otros sin una experiencia sobrenatural con Dios.

La Presencia: *Shekiná* Gloria
"Shekiná Gloria" hay manifestaciones físicas, naturales y Visibles.
En hebreo, kabódes la naturaleza intrínseca de lo que Dios es y se revela en Sus nombres y en Sus caminos.

La presencia de Dios no puede ser fabricada, inventada, provocada, agitada ni avivada.
La tienes o no la tienes.

Sólo una cosa puedo hacer con Su presencia, *atraerla*.

¿Qué es la gloria de Dios?
La gloria de Dios es la eternidad revelada.
Es el infinito sin límites ni estricciones.

Juan Carlos Pérez

Es el ámbito que existe más allá de la imaginación humana, más allá de la fe de Un hombre y de su unción.
Es la manifestación o demostración de Dios mismo.
Es la presencia manifestada de Dios.
Es la soberanía de Dios en manifestación. La soberanía de Dios es cuando Dios Hace lo que quiere, como quiere, cuando quiere y con quien quiere.
Es una demostración de la soberanía de Dios y de Su voluntad.
Mucha gente viene a la iglesia por dos razones: Una es por necesidad y otra es para buscar el propósito de Dios en su vida. La voluntad de Dios es suplir nuestra necesidad, sobre todo cuando somos nuevos, pero debemos pasar a buscar el propósito de Dios para nuestra vida.

Las Tres dimensiones de lo eterno:
Fe: La fe es el acceso legal al ámbito invisible de la eternidad, donde no existe el tiempo.
Unción: La unción es el poder de Dios dado a nosotros para servirlo y hacer su obra. Es sólo uno de los aspectos del poder de Dios. Bajo la unción, somos

Juan Carlos Pérez

Capaces de cumplir las obras de Dios.
Gloria: La gloria es Dios mismo. Bajo la gloria, Dios hace las obras
Directamente.
Bajo la unción, Dios te usa; por lo tanto operando a través de ti. Bajo la gloria, Él lo hace todo.
No vamos a evangelizar el mundo solo, lo vamos a hacer con Su gloria.

Isaías 60:1-2 Reina-Valera 1960 (RVR1960)

60 Levántate, resplandece; porque ha venido tu luz, y la gloria de Jehová ha nacido sobre ti.

² Porque he aquí que tinieblas cubrirán la tierra, y oscuridad las naciones; más sobre ti amanecerá Jehová, y sobre ti será vista su gloria.

Levántate de la depresión y las postraciones donde las circunstancias te han Mantenido. Levántate a una vida nueva. Resplandece. Sé radiante con la gloria de
Dios porque la luz ha llegado y la gloria de Dios ha nacido sobre ti. Porque he aquí tinieblas

cubrirán la tierra y oscuridad las naciones, más sobre ti amanecerá
Jehová y sobre ti será vista su gloria.
Ésta es una orden para la iglesia: ¡Levántate! ¡Tu luz ha llegado!

Hageo 2:6-9 Reina-Valera 1960 (RVR1960)

⁶ Porque así dice Jehová de los ejércitos: De aquí a poco yo haré temblar los cielos y la tierra, el mar y la tierra seca;

⁷ y haré temblar a todas las naciones, y vendrá el Deseado de todas las naciones; y llenaré de gloria esta casa, ha dicho Jehová de los ejércitos.

⁸ Mía es la plata, y mío es el oro, dice Jehová de los ejércitos.

⁹ La gloria postrera de esta casa será mayor que la primera, ha dicho Jehová de los ejércitos; y daré paz en este lugar, dice Jehová de los ejércitos.

Todo lo que ha estado pasando es porque está entrando en un eterno, mayor peso de gloria.

Juan Carlos Pérez

Yo te profetizo que todo lo que has estado pasando es porque hay un movimiento de gloria, hay algo ahí adelante, hay algo en camino. Hay algo que Dios está diciendo.

Juan Carlos Pérez

Capítulo 13

Principio por usar el nombre de Jesús.

Filipenses 2:9-11 Reina-Valera 1960 (RVR1960)

⁹ Por lo cual Dios también le exaltó hasta lo sumo, y le dio un nombre que es sobre todo nombre,

¹⁰ para que en el nombre de Jesús se doble toda rodilla de los que están en los cielos, y en la tierra, y debajo de la tierra;

¹¹ y toda lengua confiese que Jesucristo es el Señor, para gloria de Dios Padre.

Juan Carlos Pérez

Algo de lo que tenemos que tener en cuenta y tenemos que entender es que nadie sobre la faz de la tierra serás salvo por medio de Jesucristo, nadie puede ser un vaso útil en las manos de Dios.

Al menos que conozca el nombre del señor Jesús.

Por lo tanto tenemos que entender el verdadero significado del nombre de Jesús.

Qué triste ver como en nuestro tiempo el nombre el señor Jesús ha llegado a ser tan común en nuestro lenguaje.

Con frecuencia la expresión en el nombre de Jesús o en el nombre del señor Jesús, que la gente ha leído tanto y oído tanto, que en realidad no comprenden su verdadero significado debemos entender que es un nombre sobre todo nombre.

Los cuatro Evangelios nos relatan que Jesús fue humillado hasta la muerte y muerte de cruz, pero Dios en El versículo bíblico anteriormente expuesto nos relata que él fue exaltado hasta el sumo y le dio un hombre sobre todo nombre.

Sumo:

1 Que tiene el grado más alto o no es posible un grado superior: el hombre posee la

suma inteligencia entre los seres vivos. Supremo.
2 *que tiene el grado más alto en un orden o jerarquía.*
3 *Que es muy grande o enorme en grado o en intensidad.*

¿No se llamó Jesús mientras estuvo en la tierra? Si, sin embargo éste mismo nombre es el que le fue dado al haber ascendido al cielo, el mismo, JESUS. Pero él nos Muestra que su nombre sufrirá un cambio; él tenía claro que al morir en la Cruz como el cordero de Dios su nombre adquiriría un poder supremo, sin precedentes incluso les dijo a sus discípulos con anticipación.

Juan 16:24-28 Reina-Valera 1960 (RVR1960)

[26] En aquel día pediréis en mi nombre; y no os digo que yo rogaré al Padre por vosotros,

[27] pues el Padre mismo os ama, porque vosotros me habéis amado, y habéis creído que yo salí de Dios.

Juan Carlos Pérez

Cuando él habló estas palabras no tenía el nombre sobre todo nombre su nombre era como un de mortal, pero les dijo: en aquel día.

Como puedes ver estas declaraciones fueron proféticas y aquel día fue después de que muriera la Cruz, ascendiera al cielo y se le otorgara el nombre sobre todo nombre y es hoy que tú y yo podemos usar ese nombre sobre todo nombre; ruego a Dios, para que pueda ver y entender que Jesús sufrió un cambio en lo eterno.

¿Que representa este nombre?

Este nombre representa toda la autoridad, como el poder.

La reverencia:

Fue originariamente un gesto que mostraba respeto por alguien. En las culturas europeas, la reverencia se utiliza solo en situaciones muy formales, por ejemplo como saludo a un miembro de la familia real, en una acción en la cual una persona inclina su cuerpo o una parte del mismo en señal de saludo respetuoso o veneración.

Claro pero esto en un ámbito terrenal.

Filipenses 2:10Reina-Valera 1960 (RVR1960)

> *¹⁰ para que en el nombre de Jesús se doble toda rodilla de los que están en los cielos, y en la tierra, y debajo de la tierra;*

Como puedes ver la autoridad y poder que se le fue dada a Jesús tiene un ámbito espiritual y muy poderoso.

Quien quiera que sea debe inclinarse y doblar rodillas ante el nombre de Jesús, tanto como en el cielo los ángeles; en la tierra las personas y debajo de la tierra los demonios, que autoridad tan poderosa que hasta los demonios, tendrán que reconocer su autoridad delante de su presencia; ellos saben quién es Jesús y la Biblia declara.

Mateo 8:29Reina-Valera 1960 (RVR1960)

Juan Carlos Pérez

²⁹ Y clamaron diciendo: ¿Qué tienes con nosotros, Jesús, Hijo de Dios? ¿Has venido acá para atormentarnos antes de tiempo?

Marcos 3:11 Reina-Valera 1960 (RVR1960)

¹¹ Y los espíritus inmundos, al verle, se postraban delante de él, y daban voces, diciendo: Tú eres el Hijo de Dios.

Marcos 5:7 Reina-Valera 1960 (RVR1960)

⁷ Y clamando a gran voz, dijo: ¿Qué tienes conmigo, Jesús, Hijo del Dios Altísimo? Te conjuro por Dios que no me atormentes.

Lo cierto es que estos demonios sí sabían quién es Jesús y se muestran reverentes.

¡Wow! Que impresionante, estos demonios se olvidaron de su padre que es satanás y rogaron hasta en nombre de Dios por su tranquilidad.

En otra oportunidad sucedió lo siguiente:

Juan Carlos Pérez

Hechos 19:13-16 Reina-Valera 1960 (RVR1960)

13 Pero algunos de los judíos, exorcistas ambulantes, intentaron invocar el nombre del Señor Jesús sobre los que tenían espíritus malos, diciendo: Os conjuro por Jesús, el que predica Pablo.

14 Había siete hijos de un tal Esceva, judío, jefe de los sacerdotes, que hacían esto.

15 Pero respondiendo el espíritu malo, dijo: A Jesús conozco, y sé quién es Pablo; pero vosotros, ¿quiénes sois?

16 Y el hombre en quien estaba el espíritu malo, saltando sobre ellos y dominándolos, pudo más que ellos, de tal manera que huyeron de aquella casa desnudos y heridos.

Con esto queda muy claro que hasta los demonios conocen a Jesús, pero también arrojo a la luz de la verdad que no todos pueden hacer uso de ese nombre.

Juan 16:27 Reina-Valera 1960 (RVR1960)

Juan Carlos Pérez

²⁷ pues el Padre mismo os ama, porque vosotros me habéis amado, y habéis creído que yo salí de Dios.

Tienes que estar aprobado y autorizado por Dios para hacer uso del mismo; y la única manera en la que puedes hacerlo es amando a Jesús y creyendo en él y eso se demuestra en tu estilo de vida, si guardas su ley y sus mandamientos.

Juan 14:21 Reina-Valera 1960 (RVR1960)

²¹ El que tiene mis mandamientos, y los guarda, ése es el que me ama; y el que me ama, será amado por mi Padre, y yo le amaré, y me manifestaré a él.

Es en este momento, en el que puedes usar su nombre y como él lo dice, se manifestará en ti y tendrá juntamente con El, el poder y la autoridad que le fue dada.

Eso quiere decir que comparte su autoridad solamente con sus hijos; para que se pueda hacer señales sanidades, prodigios en su nombre.

Juan Carlos Pérez

Por eso los discípulos podían hacer todo este tipo de cosas

Lucas 10:17 Reina-Valera 1960 (RVR1960)

¹⁷ Volvieron los setenta con gozo, diciendo: Señor, aun los demonios se nos sujetan en tu nombre.

Entiende algo; Los demonios no tiene miedo de los grandes hombres del mundo, fueron al nombre de Jesús que se sometieron estos demonios; pero a sus hijos a los cuales se le fue dada autoridad y potestad a ellos al tener el nombre de Jesús en sus labios, también temen.

Lucas 10:19 Reina-Valera 1960 (RVR1960)

¹⁹ He aquí os doy potestad de hollar serpientes y escorpiones, y sobre toda fuerza del enemigo, y nada os dañará.

Esto no significa que el nombre Jesús sea autoridad, de ninguna manera; si conoce usted a cualquier hombre terrenal que se llama Jesús, intente echar fuera demonios en ese nombre y se dará cuanta que no sucederá nada, más aun le puede suceder lo de los exorcistas ambulante.

Solamente la autoridad está sobre el nombre de Jesús, aquel que fue resucitado de entre los muertos.

Juan 14:13-14 Reina-Valera 1960 (RVR1960)

¹³ Y todo lo que pidiereis al Padre en mi nombre, lo haré, para que el Padre sea glorificado en el Hijo.

¹⁴ Si algo pidiereis en mi nombre, yo lo haré.

Esto es maravilloso el que usted y yo podamos usar ese nombre.

Este nombre que es autoridad Es dado por Dios a su hijo Jesucristo y Jesucristo, el hijo de Dios nos lo entrega a usted y a mí para que podamos usarlo.

Entienda una cosa, no sólo es su nombre, si no en su nombre, la expresión en el nombre del señor

Jesús, es la participación de los hijos de Dios en su nombre; esto es algo sin precedentes, Dios nos ordena que trabajemos en la obra, que prediquemos, evangelicemos, sanemos, hagamos señales y prodigios; pero él nos ordena que lo hagamos en el nombre de Jesús, no es que él nos envía; sino que Dios nos da a su hijo nos confían su hijo para llevarlo con nosotros, esto es lo que significa la expresión en el nombre de Jesús.

Ejemplo:

Imagine que tiene un amigo que es abogado y tiene un buffet; él tiene que viajar y no sabe a quién dejar a cargo de su negocio y le pide el favor, que sea usted quien esté al frente del mismo, mientras él regresa; eso implica que él, le dejaría las llaves de su oficina donde se encuentra sus documentos, su sello y su chequera.

Pero también le da la autoridad de cobrar cheques y colocarle el sello a documentos importantes de sus clientes.

Juan Carlos Pérez

Si usted tiene un poco de conocimiento en el ámbito de derecho debería saber que un documento sin tener un sello de abogado no sirve para nada; el sello es el respaldo de que está elaborado por un profesional en el ramo.

Ahora usted tiene el sello en sus manos y tiene la autoridad de ese abogado para sellar los documentos y éstos tengan validez en cualquier ente gubernamental o privado; aunque usted no lo sea abogado.

Ahora bien todo lo que usted haga con ese sello está respaldado por el profesionalismo de su amigo.

De la misma manera actúa Dios y esto es increíble, Dios te da el nombre de su hijo para que lo utilices y hagas señales, prodigios, sanidades o cualquier otro tipo de milagro, él también se hará cargo de lo que se haga con su nombre y le dará respaldo y validez.

Juan Carlos Pérez

Otra de las cosas que debemos saber es que Dios, no actúa ni habla directamente al mundo, no salva a los hombres directamente, no hace milagros directamente, sino través de sus hijos; de su Iglesia, el confía el nombre de Jesús a ti a mí para que podamos hacer su voluntad en la tierra.

Si Jesús estuviera en este mundo; ¿qué cree usted que él estaría haciendo?

Lucas 2:49Reina-Valera 1960 (RVR1960)

⁴⁹ Entonces él les dijo: ¿Por qué me buscabais? ¿No sabíais que en los negocios de mi Padre me es necesario estar?

Y esto lo dijo cuando era sólo un niño; les aseguro que él estaría haciendo la voluntad de su padre.

Querido amigo nuestro propósito es hacer la voluntad de Dios y no dio su hijo, su nombre para hacerlo, sabiendo que todo lo que se hace en ese nombre se convierte en lo que él es; que es autoridad.

Juan Carlos Pérez

Este es el verdadero propósito de su nombre ser autoridad en el cielo en la tierra y debajo de ella.

Juan Carlos Pérez

Capítulo 14

La gran promesa.

Juan 14:15-18 Nueva Versión Internacional (NVI).

Jesús promete el Espíritu Santo

15 »Si ustedes me aman, obedecerán mis mandamientos. 16 Y yo le pediré al Padre, y él les dará otro Consolador para que los acompañe siempre: 17 el Espíritu de verdad, a quien el mundo no puede aceptar porque no lo ve ni lo conoce. Pero ustedes sí lo conocen, porque vive con ustedes y estará en ustedes. 18 No los voy a dejar huérfanos; volveré a ustedes.

Juan Carlos Pérez

Jesús en un determinado momento de su vida terrenal y ministerial, comunica sus discípulos su partida; para ir y toma un ministerio intercesión en el reino de los cielos.

1 Juan 2:1 Nueva Versión Internacional (NVI)

2 Mis queridos hijos, les escribo estas cosas para que no pequen. Pero si alguno peca, tenemos ante el Padre a un intercesor, a Jesucristo, el Justo.

Esta es una de las cosas más maravillosas que he leído en la Biblia, de que mi rey ahora intercede ante el padre para que yo pueda dar un mensaje positivo y puedan entenderme.

En aquel entonces les da la noticia de su partida y esto provocó en el corazón de los discípulos gran tristeza y temor e interrogantes como:

¿Cómo enfrentaremos ahora el mundo en tinieblas y bajo el dominio de Satanás?

¿Cómo enfrentar el reto mundial de evangelizar?

¿Cómo enfrentar nuestras propias debilidades?
Juan Carlos Pérez

Ante todas estas cosas Jesús les exhortó a no turbarse en su corazón y además les dio la promesa del espíritu Santo.

Veamos esas verdades que son vitales para entender en relación al espíritu Santo.

Hay unas exigencias para que puedas adquirir su promesa se tienes que primero comprometerse con él.

-Si lo amas y guarda sus mandamientos.

Juan 14:15Nueva Versión Internacional (NVI)

15 »Si ustedes me aman, obedecerán mis mandamientos.

Por lo general siempre queremos la promesa primero y tenemos el descaro de reclamar la a Dios, pero no queremos pagar el precio por obtener la bendición.

Damas y caballeros ha llegado la hora de comprometernos y guarda sus mandamientos, en esto probamos nuestro amor al hijo de Dios y la recompensa será tener la compañía del espíritu Santo por siempre.

Efesios 1:13-14 Nueva Versión Internacional (NVI)

¹³ En él también ustedes, cuando oyeron el mensaje de la verdad, el evangelio que les trajo la salvación, y lo creyeron, fueron marcados con el sello que es el Espíritu Santo prometido. ¹⁴ Éste garantiza nuestra herencia hasta que llegue la redención final del pueblo adquirido por Dios, para alabanza de su gloria.

Luego de oír la palabra y creer esta promesa se hace realidad, el espíritu Santo viene a morada en nuestros corazones y es el sello de garantía de pertenencia Dios.

Presta mucha atención querido lector de las cosas que debe saber para ser sellado por el espíritu Santo de la promesa.

Juan Carlos Pérez

Debo oír la palabra de verdad, no dice la palabra de mentira sino de verdad, damas y caballeros, ¿cuál es la palabra de verdad? Es la palabra de Dios, son las escrituras.

Romanos 10:17 Reina-Valera 1960 (RVR1960)

> *17 Así que la fe es por el oír, y el oír, por la palabra de Dios.*

Cuando se oye la palabra de Dios empiezas a tener fe en esa palabra, por eso se comienza a creer en lo que se oye.

No se puede creer en algo que nunca has oído.

Jesús le dio una promesa y era que el espíritu santo llegaría para su consolador y el cumplió su promesa como cual caballero de honor.

Hechos 2 Reina-Valera 1960 (RVR1960)

> *2 Cuando llegó el día de Pentecostés, estaban todos unánimes juntos.*

Juan Carlos Pérez

² Y de repente vino del cielo un estruendo como de un viento recio que soplaba, el cual llenó toda la casa donde estaban sentados;

³ y se les aparecieron lenguas repartidas, como de fuego, asentándose sobre cada uno de ellos.

⁴ Y fueron todos llenos del Espíritu Santo, y comenzaron a hablar en otras lenguas, según el Espíritu les daba que hablasen.

⁵ Moraban entonces en Jerusalén judíos, varones piadosos, de todas las naciones bajo el cielo.

En un tiempo también les dijo que moriría

Marcos 14:58 Reina-Valera 1960 (RVR1960)

⁵⁸ Nosotros le hemos oído decir: Yo derribaré este templo hecho a mano, y en tres días edificaré otro hecho sin mano.

En esta declaración profética, el promete que destruiría el templo pero que el mismo lo edificaría y así cumplió su promesa.

Juan Carlos Pérez

1 Corintios 15:1-6 Reina-Valera 1960 (RVR1960)

³ Porque primeramente os he enseñado lo que asimismo recibí: Que Cristo murió por nuestros pecados, conforme a las Escrituras;

⁴ y que fue sepultado, y que resucitó al tercer día, conforme a las Escrituras;

⁵ y que apareció a Cefas, y después a los doce.

Juan 20 Reina-Valera 1960 (RVR1960)

(Mt. 28.1-10; Mr. 16.1-8; Lc. 24.1-12)

20 El primer día de la semana, María Magdalena fue de mañana, siendo aún oscuro, al sepulcro; y vio quitada la piedra del sepulcro.

² Entonces corrió, y fue a Simón Pedro y al otro discípulo, aquel al que amaba Jesús, y les dijo: Se han llevado del sepulcro al Señor, y no sabemos dónde le han puesto.

³ Y salieron Pedro y el otro discípulo, y fueron al sepulcro.

Juan Carlos Pérez

⁴ Corrían los dos juntos; pero el otro discípulo corrió más aprisa que Pedro, y llegó primero al sepulcro.

⁵ Y bajándose a mirar, vio los lienzos puestos allí, pero no entró.

⁶ Luego llegó Simón Pedro tras él, y entró en el sepulcro, y vio los lienzos puestos allí,

⁷ y el sudario, que había estado sobre la cabeza de Jesús, no puesto con los lienzos, sino enrollado en un lugar aparte.

⁸ Entonces entró también el otro discípulo, que había venido primero al sepulcro; y vio, y creyó.

⁹ Porque aún no habían entendido la Escritura, que era necesario que él resucitase de los muertos.

¹⁰ Y volvieron los discípulos a los suyos.

Nuevamente podemos ver cómo Jesús cumple otra de sus promesas.

Juan Carlos Pérez

En el Evangelio de la salvación, se tiene que aceptar que Él, es el único que hace más de 2000 años murió en la Cruz para salvación; pero también debo creer que el resucitó al tercer día y está sentado a la diestra de Dios padre.

Pero la promesa más grande sin precedentes es que, el promete venir nuevamente en busca de su iglesia para que estemos junto a Él y al padre; esto es, en busca de sus hijos aquellos que creen en su palabra y la cumplen.

Juan 14:1-4 Dios Habla Hoy (DHH)

14 «No se angustien ustedes. Crean en Dios y crean también en mí. ² En la casa de mi Padre hay muchos lugares donde vivir; si no fuera así, yo no les hubiera dicho que voy a prepararles un lugar. ³ Y después de irme y de prepararles un lugar, vendré otra vez para llevarlos conmigo, para que ustedes estén en el mismo lugar en donde yo voy a estar. ⁴ Ustedes saben el camino que lleva a donde yo voy.»

Juan Carlos Pérez

Que bella verdad él va a preparar un lugar para ti y para mí, y dice que después que lo tenga listo vendrá a llevarnos con él.

Es el momento que tomes la decisión de creer en Jesús. El cumplió cada una de sus promesas y esta no será la acepción, el cumplirá; mira este texto y convéncete de una vez por todas que vendrá por ti, solo debes seguir el camino que conduce al padre, que es Jesús rey de reyes y señor de señores.

Números 23:19Dios Habla Hoy (DHH)

^{19} Dios no es como los mortales:
no miente ni cambia de opinión.
Cuando él dice una cosa, la realiza.
Cuando hace una promesa, la cumple.

Amen y amen por eso.

Quiero sepan que todo este plan divino de Dios el cual creo por amor a nosotros; como explique en un principio, que nuestra naturaleza cayo de su gloria pasando a ser terrenal y mortal a causa del pecado; pero El diseño un plan perfecto por amor

Juan Carlos Pérez

a su creación. Solo existía un camino y era de perdición; cuando se ejecuta todo este plan de salvación a través de su hijo Jesús, es cuando se romper ese velo que existía entre Dios y el hombre, por causa de pecado y es cuando regresarnos a nuestra naturaleza de gloria y dio una nueva oportunidad de vida eterna.

Ahora bien como último punto quiero que sepas que…

Juan Carlos Pérez

Capítulo 15

El velo fue rasgado.

Mateo 27:50-56 Dios Habla Hoy (DHH)

^{50} *Jesús dio otra vez un fuerte grito, y murió.* ^{51} *En aquel momento el velo del templo se rasgó en dos, de arriba abajo. La tierra tembló, las rocas se partieron*

Juan Carlos Pérez

El tabernáculo de moisés fue un lugar de adoración al Dios viviente; al igual que el majestuoso templo de rey Salomón. Estos dos lugares tenían algo en común, se dividían en tres partes atrio, lugar santo y lugar santísimo, este último estaba separado de los otros por un manto, donde reposaba el arca del pacto, esta era de oro macizo con dos querubines y sus alas extendidas que formaban un arco y en el medio de las alas se encontraba una llama azul (la presencia de DIOS).

Que paradójico; este era un lugar para adorar a Dios, pero separados por un velo, alejando así al pueblo del resplandor de su gloria.

Éxodo 26:31-33 Nueva Biblia al Día (NBD)

[31] »Haz una cortina de púrpura, carmesí, escarlata y lino fino, con querubines artísticamente bordados en ella. [32] Cuélgala con ganchos de oro en cuatro postes de madera de acacia recubiertos de oro, los cuales levantarás sobre cuatro bases de plata. [33] Cuelga de los ganchos la cortina, la cual separará el Lugar Santo del Lugar Santísimo, y coloca el arca del *pacto detrás de la cortina.

Juan Carlos Pérez

Este tabernáculo lo conformaban 3 áreas:

El atrio:

En este lugar se encontraba el pueblo de las tribus de Israel.

El lugar santo:

En este lugar se encontraban los jefes de las tribus y los levitas que son los sacerdotes.

El lugar santísimo:

Se encontraba la presencia misma del Dios eterno pero en este lugar el sumo sacerdote podía entrar una sola vez al año.

Como puede darse cuenta la posición del pueblo estaba retirada del lugar santísimo esto significa que el hombre estaba separado de la presencia del eterno.

Otra de las cosas que podemos notar es que el velo tenía dos querubines uno a la derecha y otro a la izquierda que guardaban los lugares inaccesibles como está escrito en:

Juan Carlos Pérez

Génesis 3:24 Nueva Versión Internacional (NVI)

²⁴ Luego de expulsarlo, puso al oriente del jardín del Edén a los querubines, y una espada ardiente que se movía por todos lados, para custodiar el camino que lleva al árbol de la vida.

Esto no es casualidad que en el edén Dios colocara estos querubines con la finalidad de que Adán, Eva y su generación no pudieran entrar de nuevo.

Dios no quería que ellos entraran de nuevo, al igual que no quería al hombre en su presencia por ello los querubines en el velo del lugar santísimo.

Esto le recordaba al sumo sacerdote el malestar de Dios con los hombres de no querer que estuvieran en su presencia.

Romanos 3:23 Nueva Versión Internacional (NVI)

²³ pues todos han pecado y están privados de la gloria de Dios,

Juan Carlos Pérez

Querido amigo por el peso del pecado que posa sobre nuestros hombros no teníamos derecho de estar en la presencia de Dios, éramos indignos.

Pero el tabernáculo de David más que un tabernáculo era una tienda

Ya no tena atrio ni lugar santo solo tenía el lugar santísimo y este estaba cubierto por simples cortinas.

El tabernáculo de David fuel el único que no poseía el velo, su presencia estaba expuesta al pueblo a los transeúntes de aquel lugar.

En este punto Dios estaba complacido de David por su adoración genuina, el cual tenía un corazón conforme al de DIOS.

Miremos que tan agradecido Dios estaba con David al hacerle tamaño de promesa en:

2 Samuel 7:1-17 Nueva Versión Internacional (NVI)

7 Una vez que el rey David se hubo establecido en su palacio, el S<small>EÑOR</small> le dio descanso de todos los

enemigos que lo rodeaban. ² Entonces el rey le dijo al profeta Natán:

—Cómo puedes ver, yo habito en un palacio de cedro, mientras que el arca de Dios se encuentra bajo el toldo de una tienda de campaña.

³ —Bien —respondió Natán—. Haga Su Majestad lo que su corazón le dicte, pues el S<small>EÑOR</small> está con usted.

⁴ Pero aquella misma noche la palabra del S<small>EÑOR</small> vino a Natán y le dijo:

⁵ «Ve y dile a mi siervo David que así dice el S<small>EÑOR</small>: "¿Serás tú acaso quien me construya una casa para que yo la habite? ⁶ Desde el día en que saqué a los israelitas de Egipto, y hasta el día de hoy, no he habitado en casa alguna, sino que he andado de acá para allá, en una tienda de campaña a manera de santuario. ⁷ Todo el tiempo que anduve con los israelitas, cuando mandé a sus gobernantes que pastorearan a mi pueblo

Juan Carlos Pérez

Israel, ¿acaso le reclamé a alguno de ellos el no haberme construido una casa de cedro?"

⁸ »Pues bien, dile a mi siervo David que así dice el SEÑOR*Todopoderoso: "Yo te saqué del redil para que, en vez de cuidar ovejas, gobernaras a mi pueblo Israel. ⁹ Yo he estado contigo por dondequiera que has ido, y por ti he aniquilado a todos tus enemigos. Y ahora voy a hacerte tan famoso como los más grandes de la tierra. ¹⁰ También voy a designar un lugar para mi pueblo Israel, y allí los plantaré para que puedan vivir sin sobresaltos. Sus malvados enemigos no volverán a humillarlos como lo han hecho desde el principio, ¹¹ desde el día en que nombré gobernantes sobre mi pueblo Israel. Y a ti te daré descanso de todos tus enemigos."*

»Pero ahora el SEÑOR *te hace saber que será él quien te construya una casa. ¹² "Cuando tu vida llegue a su fin y vayas a descansar entre tus antepasados, yo pondré en el trono a uno de tus propios descendientes, y afirmaré su reino. ¹³ Será él quien construya una casa en mi honor, y yo afirmaré su trono real para siempre. ¹⁴ Yo seré su padre, y él será mi hijo. Así que, cuando haga lo*

malo, lo castigaré con varas y azotes, como lo haría un padre. ⁵¹ Sin embargo, no le negaré mi amor, como se lo negué a Saúl, a quien abandoné para abrirte paso. ⁶¹ Tu casa y tu reino durarán para siempre delante de mí; tu trono quedará establecido para siempre." »

⁷¹ Natán le comunicó todo esto a David, tal como lo había recibido por revelación.

Como puedes ver Dios quería retribuir a David y le dijo soy yo quien te va a preparar un lugar a mi lado, que maravilloso.

En el versículo 12 y 13 podemos ver que Él le dice que pondrá uno de sus descendientes, el cual creara un lugar perpetuo.

DIOS se refería a Jesús el cual viene del linaje de David.

Pero Jesús es concebido por el espíritu santo ¿cómo es posible que venga del linaje de David? si José no tuvo nada que ver en este acto; pues cuando se refieren al linaje, es porque maría viene del linaje de David; recordemos que los hebreos son muy meticulosos en registrar las genealogías, incluso genealogías de mil años como la de David.

Esto se atribuye a José y La explicación muy antigua a esta discrepancia que radica en la Ley del *(Dt. 25, 5-6),* según la cual si dos hermanos viven juntos y uno de ellos está casado y muere sin dejar descendencia, el otro hermano debe casarse con la viuda, y el primogénito de este matrimonio deberá considerarse como hijo del hermano difunto. Según esto, Elí se casó y murió; su hermano Jacob tomó por esposa a la viuda y el hijo de este matrimonio, José, era legalmente también hijo de Jacob. Es decir, Mateo se refiere al padre carnal y Lucas al padre legal.

Por eso el siguiente texto refleja que José viene del linaje de Jesús pero en realidad fue maría la del verdadero linaje y por eso Dios la escoge a ella.

Mateo 1 Reina-Valera 1960 (RVR1960)

Genealogía de Jesucristo

Juan Carlos Pérez

1 Libro de la genealogía de Jesucristo, hijo de David, hijo de Abraham.

[16] y Jacob engendró a José, marido de María, de la cual nació Jesús, llamado el Cristo.

[17] De manera que todas las generaciones desde Abraham hasta David son catorce; desde David hasta la deportación a Babilonia, catorce; y desde la deportación a Babilonia hasta Cristo, catorce.

Para ver la genealogía completa Leer:

Mateo 1 Reina-Valera 1960 (RVR1960)

Personalmente estoy plenamente convencido; que Dios se cansó de estar separado de su creación cuando declaro esto.

Hechos 15:16 Reina-Valera 1960 (RVR1960)

*[16] Después de esto volveré
Y reedificaré el tabernáculo de David, que está caído Y repararé sus ruinas,
Y lo volveré a levantar,*

Juan Carlos Pérez

Amós 9:11 Reina-Valera 1960 (RVR1960)

11 En aquel día yo levantaré el tabernáculo caído de David, y cerraré sus portillos y levantaré sus ruinas, y lo edificaré como en el tiempo pasado;

REEDIFICARE SUS RUINAS, Y LO LEVANTARE DE NUEVO.

Cuando nuestro señor Jesús, fue crucificado esto se cumplió y se restauró, el tabernáculo caído de David.

Exactamente en el momento que Jesús murió, geográficamente hubo un gran temblor y el velo del templo fue rasgado.

Mateo 27:50-56 Dios Habla Hoy (DHH)

50 Jesús dio otra vez un fuerte grito, y murió. 51 En aquel momento el velo del templo se rasgó en dos, de arriba abajo. La tierra tembló, las rocas se partieron 52 y los sepulcros se abrieron; y hasta muchas personas santas, que habían muerto, volvieron a la vida. 53 Entonces salieron de sus tumbas, después de la resurrección de Jesús, y entraron en la santa ciudad de Jerusalén, donde mucha gente los vio.

⁵⁴ Cuando el capitán y los que estaban con él vigilando a Jesús vieron el terremoto y todo lo que estaba pasando, se llenaron de miedo y dijeron:

— ¡De veras este hombre era Hijo de Dios!

Tal era, ahora el descontento de Dios con el velo que lo rasgo de arriba abajo para que nunca más fuera tejido.

Juan 14:6Nueva Versión Internacional (NVI)

⁶ —Yo soy el camino, la verdad y la vida —le contestó Jesús—. Nadie llega al Padre sino por mí.

El velo esta rasgado, ya no hay obstáculos entre el ETERNO y su creación, Ahora él está al alcance de todos; solo debes buscarle de todo corazón.

Hebreos 4:16Reina-Valera 1960 (RVR1960)

Juan Carlos Pérez

¹⁶ Acerquémonos, pues, confiadamente al trono de la gracia, para alcanzar misericordia y hallar gracia para el oportuno socorro.

Isaías 55:6-8 Nueva Versión Internacional (NVI)

*⁶ Busquen al SEÑOR mientras se deje encontrar,
llámenlo mientras esté cercano.
⁷ Que abandone el malvado su camino,
y el perverso sus pensamientos.
Que se vuelva al SEÑOR, a nuestro Dios,
que es generoso para perdonar,
y de él recibirá misericordia.
⁸ «Porque mis pensamientos no son los de ustedes,
ni sus caminos son los míos
—afirma el SEÑOR —.*

Este es el verdadero propósito de Jesucristo, llevarnos a la presencia misma del padre.

Juan Carlos Pérez

Capítulo 16

La batalla espiritual y satanás.

1 Pedro 5:8 Nueva Versión Internacional (NVI)

⁸ Practiquen el dominio propio y manténganse alerta. Su enemigo el diablo ronda como león rugiente, buscando a quién devorar

Juan Carlos Pérez

Muchas personas se toman muy a la ligera el tema de Satanás, pero éste es un tema que merece ser estudiado con detalle para poder ser efectivo a la hora de una batalla espiritual genuina y salir victorioso de ella.

Unos ven a Satanás como una figura mitológica, con cachos, cola y un tridente; pero no mucho toman este asunto con la seriedad que debería tomarse.

La Biblia sin embargo nos presenta un ser muy diferente, un ser real, el cual tiene un gran alcance, siempre oponiéndose a los planes de Dios e inclusive retando al mismo Dios que lo creo.

Como cristianos debemos tener la perspectiva y conocimiento correcto de la persona y obra de lo que implica es Satanás.

Las escrituras tienen mucho contenido de Satanás; como lo es su origen, su caída, sus actividades y su derrota para este tiempo futuro.

1 Pedro 5:8 Nueva Versión Internacional (NVI)
Juan Carlos Pérez

> *⁸ Practiquen el dominio propio y manténganse alerta. Su enemigo el diablo ronda como león rugiente, buscando a quién devorar.*

Ciertamente las escrituras no reseñan el momento exacto de su creación, algunos teólogos dicen que los ángeles fueron creados entre los primeros días de la semana de la creación génesis cap. 1.

Yo particularmente opino que ellos ya existían; recordemos que la atmósfera de Dios es eterna y cuando se diseña o se crea algo, éste está basado en su entorno para su subsistencia. Para darle fuerza a mi teoría veamos.

Job 38:7 Reina-Valera 1960 (RVR1960)

> *⁷ Cuando alababan todas las estrellas del alba, Y se regocijaban todos los hijos de Dios*

Esto demuestra que los ángeles ya existían incluso antes de que todo fuera creado.

Juan Carlos Pérez

Pero lo más asombroso de todo esto es que ellos son superiores a nosotros y a un así fueron creados para servirnos de a los seres humanos.

Hebreos 1:14Nueva Versión Internacional (NVI)

14 ¿No son todos los ángeles espíritus dedicados al servicio divino, enviados para ayudar a los que han de heredar la salvación?

Ahora bien hablemos de Satanás.

Ezequiel 28:12-15Nueva Versión Internacional (NVI)

12 «Hijo de hombre, entona una elegía al rey de Tiro y adviértele que así dice el Señor omnipotente:

» "Eras un modelo de perfección, lleno de sabiduría y de hermosura perfecta. 13 Estabas en Edén, en el jardín de Dios, adornado con toda clase de piedras preciosas: rubí, crisólito, jade,

Juan Carlos Pérez

> topacio, cornalina, jaspe,
> zafiro, granate y esmeralda.
> Tus joyas y encajes estaban cubiertos de oro,
> y especialmente preparados para ti
> desde el día en que fuiste creado.
> ¹⁴ Fuiste elegido querubín protector,
> porque yo así lo dispuse.
> Estabas en el santo monte de Dios,
> y caminabas sobre piedras de fuego.
> ¹⁵ Desde el día en que fuiste creado
> tu conducta fue irreprochable,
> hasta que la maldad halló cabida en ti.

Como podemos observar Dios creó a luzbel hermoso y perfecto; especulemos un poco, cuando un artista crea una obra y ésta queda bella, perfecta, el artista dura horas contemplando su creación.

Imaginemos a Dios en el momento que creo al querubín protector, perfecto y hermoso; imaginarios contemplar su bella creación; imagino que en ese momento se pararía el cielo y toda la eternidad mientras Dios se deleitaba observando su creación, Dios incluso le dio un rango supremo querubín entre querubines, él era el mano derecha de Dios, prácticamente un Sub-rey, un general, un gobernador.

Este al ver su posición y de observar cómo era casi "adorado"; porque eso fue lo que el pensó, malinterpreto la admiración de Dios y sus ángeles con respecto a él, que creía ser una creación perfecta.

Dios incluso lo califica de perfecto eso sí, hasta que se halló mal en él.

Ahora bien este querubín protector y perfecto, no pudo soportar tantos elogios.

Imaginar los ángeles que son de menor rango; ¿cómo los admirarían? Imagino uno que otro se le acercaría y diría ¡algún día quiere ser como tú!; Imagino a este querubín tomando entre el hombro y las salas de los ángeles en modo de amistad y

Juan Carlos Pérez

decirles, mira si yo tuvieron trono te haría un querubín, es más podrías ser un arcángel y así tendrías seis alas, ¿Qué opinas?

Ya en este punto la soberbia, arrogancia, el orgullo y el egocentrismo se habían apoderado de él; usted se preguntará, ¿Qué locura en esta de la que habla Juan Carlos?; Simple, ¿Cómo cree usted que él persuadió a la tercera parte de los ángeles del cielo? Le aseguro que no fue a la fuerza; esto fue sutil, con mucha persistencia y paciencia, ya en este punto el mal se había apoderado de él.

Este comenzó una rebelión o revolución en el cielo con la finalidad de destronar a Dios y colocar un trono sobre el trono de Dios y poder tener el control del universo.

Isaías 14:13-15 Nueva Versión Internacional (NVI)

[13] Decías en tu corazón:
«Subiré hasta los cielos.

Juan Carlos Pérez

> *¡Levantaré mi trono*
> *por encima de las estrellas de Dios!*
> *Gobernaré desde el extremo norte,*
> *en el monte de los dioses.*
> *¹⁴ Subiré a la cresta de las más altas nubes,*
> *seré semejante al Altísimo.»*

Imagino estas eran las mismas palabras que Satanás utilizó, susurrándoles al oído, para envolver y persuadir a la tercera parte de los ángeles del cielo.

Se preguntarán muchos en este momento ¿Por qué Dios nos destruyó luzbel en ese momento?

1- Todo revolución es dirigida por un líder, y en esta rebelión celestial el líder era el querubín protector, si Dios lo hubiera destruido le hubiera dado a entender a los ángeles simpatizantes de la rebelión, tanto como a los que no participaron, la idea que al destruirlo era porque si podían lograr su cometido de destituirlo del trono y luego otro ángel, querubín e incluso arcángel se hubiera tomado nuevamente el atrevimiento de intentar una nueva rebelión.

2- Dios al no destruirlo demostró su poderío, soberanía y majestad aún su misma misericordia, en lugar de destruirlo lo echo del cielo.

Apocalipsis 12:4 Nueva Versión Internacional (NVI)

⁴ Con la cola arrastró la tercera parte de las estrellas del cielo y las arrojó sobre la tierra. Cuando la mujer estaba a punto de dar a luz, el dragón se plantó delante de ella para devorar a su hijo tan pronto como naciera.

Isaías 14:15 Nueva Versión Internacional (NVI)

¹⁵ ¡Pero has sido arrojado al sepulcro, a lo más profundo de la fosa!

En este punto se le fue quitado su nombre de luzbel a adversario, Satanás, diablo o serpiente

Juan Carlos Pérez

antigua; también se le fue quitado el gozo es por esto que él se alimenta del mal.

Déjeme decirle que el aún tiene poder e incluso de una oportunidad el arcángel Miguel no pronuncio maldición sobre él, tampoco lo enfrentó en una batalla, sino que lo reprendió en el nombre del señor.

Judas 1:9 Nueva Versión Internacional (NVI)

⁹ Ni siquiera el arcángel Miguel, cuando argumentaba con el diablo disputándole el cuerpo de Moisés, se atrevió a pronunciar contra él un juicio de maldición, sino que dijo: «¡Que el Señor te reprenda!»

Pero debemos entender Satanás es un ser creado él no puede estar en todo lugar, él no es como Dios, omnipresente que puede estar en todo lugar.

Satanás en cambio usa a sus secuaces los demonios, que trabajan con él para lograr su cometido.

Juan Carlos Pérez

Satanás al ver que no pudo destronar a Dios decidió destruir lo que Dios hace, al menos eso es lo que intenta; cómo podemos ver en *Génesis* él va en contra de todo diseño de Dios; en el jardín del Edén fue contra la creación amada de Dios, al punto de engaña al hombre y hacerlo pecar, el hombre a su vez le dio derecho legal a Satanás sobre sus vidas, perdiendo su gloria y llegando a ser mortal como consecuencia de su pecado.

Querido lector preste mucha atención; Satanás siempre quiere distorsionar la verdad de Dios.

Dios crea una mujer, Satanás distorsiona una lesbiana, Dios crea un hombre Satanás distorsiona homosexual, Dios creó un matrimonio Satanás distorsiona un divorcio; Satanás siempre crea una copia pirata de las cosas originales que Dios crea.

De ahora bien, como el hombre le dio derecho legal a Satanás Este se creyó dueño de él y comenzó a gobernarlo ilegítimamente, con esto creía haberle ganado a Dios.

Juan Carlos Pérez

¿Cómo se podría recuperar ahora esa gloria, ese cuerpo glorificado, esa naturaleza eterna?; si la Biblia dice que el hombre fue hecho un poco menos que los ángeles y éste le dio el derecho de propiedad a un ser celestial caído.

Hebreos 2:7-8Nueva Versión Internacional (NVI)

⁷ Lo hiciste un poco menor que los ángeles,
y lo coronaste de gloria y de honra;
⁸ ¡todo lo sometiste a su dominio!»

Si Dios puso bajo él todas las cosas, entonces no hay nada que no le esté sujeto. Ahora bien, es cierto que todavía no vemos que todo le esté sujeto.

El hombre natural no tenía el poder para arrebatarle o anular este contrato hecho con Satanás por comprar el pecado, lo que no sabía Satanás es que Dios se manifiesta en una nueva creación hipostática, completamente humana y completamente divina en **Yeshua Hamashiaj.**

Juan Carlos Pérez

En griego: Iesus Kristos, Cuando se escribieron los últimos libros circa 100 AD la Iglesia de Roma compilo todo y tradujo del griego al latín. Kristos esto es Cristo, Latín, Iesus Khristos esto en Griego. Se Refiere a Yeshua Ha Misiak (Yeshua El Mesías).

Jesús como hombres venció a Satanás y recuperó nuestra naturaleza original la que le fue arrebatada Adán; pero para poder estar en el mismo rango de pelea también era enteramente Dios, esa era la única forma de recuperar lo que Satanás robó en el edén.

Se necesitaba una naturaleza humana y divina; es el verdadero propósito de Jesús y lo logró, nos abrió el camino al cielo, recuperando de esta manera nuestra naturaleza caída.

El recupero la naturaleza caída, ¿Por qué cree usted que cuando maría va al sepulcro y lo ve vacío, vio a un jardinero? ¿Qué es lo que era Adán en el edén?

Juan Carlos Pérez

Qué grande maravilloso es nuestro Dios que en ningún momento ni ahora nos dejó desamparados: y si, ¡es verdad! Satanás existe, pero el ya tiene marcado su destino y ese se llama lago de fuego en lo más profundo de los abismos.

Romanos 16:20Reina-Valera 1960 (RVR1960)

[20] Y el Dios de paz aplastará en breve a Satanás bajo vuestros pies. La gracia de nuestro Señor Jesucristo sea con vosotros.

Juan Carlos Pérez

Capítulo 17

Victoria hipostática.

Lucas 22:41-42 Reina-Valera 1960 (RVR1960)

[41] Y él se apartó de ellos a distancia como de un tiro de piedra; y puesto de rodillas oró,

[42] diciendo: Padre, si quieres, pasa de mí esta copa; pero no se haga mi voluntad, sino la tuya.

Juan Carlos Pérez

Jesús estaba en el monte de los olivos con sus discípulos como lo describe.

Lucas 22:39 Nueva Versión Internacional (NVI)

39 Jesús salió de la ciudad y, como de costumbre, se dirigió al monte de los Olivos, y sus discípulos lo siguieron.

El estado orando porque sabía que su hora se aproximaba, incluso era tal su preocupación y mientras oraba arrodillado, sudo gotas como de sangre; el humanamente no quería morir de la manera que murió; estaba preocupado tenía miedo sabía que lo que se aproximaba era terrible.

Lucas 22:41-42 Reina-Valera 1960 (RVR1960)

41 Y él se apartó de ellos a distancia como de un tiro de piedra; y puesto de rodillas oró,

42 diciendo: Padre, si quieres, pasa de mí esta copa; pero no se haga mi voluntad, sino la tuya.

Juan Carlos Pérez

Anteriormente hablamos de la humanidad de Jesús, él era también completamente humano y a la vez divino; y como humano sintió las mismas sensaciones, emociones que usted y yo; miedo, dolor, tristeza, e incluso enfermedad; o cree usted que cuando él era pequeño e incluso grande no le dio un dolor de cabeza, diarrea, vómito o incluso hasta fiebre. ¡Obviamente que sí! Él era humano.

Déjeme decirle algo aún más atrevido, y Jesús en su humanidad, si hubiera pecado se pierde; recordemos que el vino a cumplir un propósito y éste era ser el cordero santo, sin mancha y sin pecado.

Lucas 22:53 Nueva Versión Internacional (NVI)

⁵³ Todos los días estaba con ustedes en el templo, y no se atrevieron a ponerme las manos encima. Pero ya ha llegado la hora de ustedes, cuando reinan las tinieblas.

Juan Carlos Pérez

La santa biblia la palabra de Dios para todos de la liga bíblica internacional cita: *cuando reinan la oscuridad.*

¿Qué curioso no? La hora en que reina la oscuridad, ¿le recuerda alguien la oscuridad? Si a ese mismo Satanás; no con esto es que la oscuridad sea mala, sino que siempre la relacionamos con miedo, temor, soledad e impunidad.

Incluso en sus cuando les dice a los sacerdotes y soldados romanos este su hora en la que reina la oscuridad, se refería a esa noche negra y diabólica donde Satanás pensó que reinaba.

Recordemos que Satanás siempre quiso eliminar a Jesús, verlo muerto; incluso utilizó a Herodes, cuando éste mata a todos los niños judíos varones menores de dos años.

Mateo 2:16-18 Nueva Versión Internacional (NVI)

Juan Carlos Pérez

¹⁶ Cuando Herodes se dio cuenta de que los sabios se habían burlado de él, se enfureció y mandó matar a todos los niños menores de dos años en Belén y en sus alrededores, de acuerdo con el tiempo que había averiguado de los sabios. ¹⁷ Entonces se cumplió lo dicho por el profeta Jeremías:

*¹⁸ «Se oye un grito en Ramá,
llanto y gran lamentación;
es Raquel, que llora por sus hijos
y no quiere ser consolada;
¡sus hijos ya no existen!»*

Como hablé anteriormente Satanás tiene poder, pero éste es insignificante comparado al poderío de Dios, recuerde que la palabra dice: que el resplandor de su gloria sólo el resplandor lo destruirá.

2 Tesalonicenses 2:8 Nueva Versión Internacional (NVI)

Juan Carlos Pérez

⁸ Entonces se manifestará aquel malvado, a quien el Señor Jesús derrocará con el soplo de su boca y destruirá con el esplendor de su venida.

Satanás no es y omnisciente, omnipotente, omnisciente, él no puede estar en todo lugar al mismo tiempo por eso usa a los demonios y estos influyen en las personas, como podemos ver influyeron en Judas, al punto de traicionar a su maestro, y fue tan influenciado por los demonios que lo llevaron al suicidio, él se ahorcó.

Dios no quiere que te suicides él quiere que viva y por eso el plan divino de salvación.

Pero de algo si estoy seguro, Satanás estaba en primera fila viendo el espectáculo en el momento que arrestan a Jesús; me imagino Satanás al lado de su lugarteniente, sus demonios de alto rango, los cuales pertenecen a sus filas demoniaca, diciéndoles: - ¡al fin lo tenemos!, Dándole una palmada entre el hombre y sus alas encendidas en fuego extraño y maligno, diciéndoles -buen trabajo muchachos, pero sigan trabajando que apenas lo arrestaron, el objetivo es asesinarlo, ¡vaya sigan trabajando, que este espectáculo es sólo para mí en privado!

Imagino su sorpresa cuando los gobernantes ninguno quería tener en su conciencia la muerte de Jesús, los sacerdotes no podía actuar por su propia cuenta porque están bajo el dominio del imperio romano y esto lo llevan a Pilatos y éste dice:

Lucas 23:4-5Nueva Versión Internacional (NVI)

⁴ Entonces Pilato declaró a los jefes de los sacerdotes y a la multitud:

—No encuentro que este hombre sea culpable de nada.

Y enviadas en sus Herodes el cual hace mucha pregunta incluso se alegra en gran manera porque éste quería conocerle.

Lucas 23:8Nueva Versión Internacional (NVI)

Juan Carlos Pérez

⁸ Al ver a Jesús, Herodes se puso muy contento; hacía tiempo que quería verlo por lo que oía acerca de él, y esperaba presenciar algún milagro que hiciera Jesús.

Jesús no respondido a sus preguntas y como los miembros del sanedrín alborotaron a la gente, me imagino que se llenó de miedo y susto, sus soldados lo trataron con desprecio lo hicieron vestir con ropa lujosas y se burlaron de él y lo enviaron nuevamente a Pilatos.

Imagino Satanás diciendo -¡pero bueno vale, que es lo que les pasa a estos tontos; tienen que matarlo y listo más nada! ¿Será mucho pedir eso? Qué sorpresa se llevaría Satanás más adelante.

No sé si ustedes se dio cuenta de lo que dice el versículo 12 del capítulo 23; que Herodes y Pilatos se hicieron amigos; ¡wow! En medio de todo esto Jesús hace un milagro, ¿porque digo milagro? Acaso no usados de lo difícil que es que Dos personas que se odian a muerte hagan las paces, cuando eso sucede para mí eso es un milagro, ellos eran enemigos y ahora por Jesús eran amigos que paradójico ¿no?

Imagino a Satanás cuando le informaron de lo sucedido - ¿pero bueno hasta cuándo este Jesús? ¡Es que lo maten, no que lo hicieran amiguitos!

Llevan nuevamente a Jesús ante Pilato el cual declara en tres oportunidades que no haya culpa en Jesús de ningún delito, pero la gente empezó a gritar que querían que lo crucificaran, esto le aseguro estaban influenciado por los mismos demonios.

Lucas 23:13-25Nueva Versión Internacional (NVI)

[13] Pilato entonces reunió a los jefes de los sacerdotes, a los gobernantes y al pueblo, [14] y les dijo:

—Ustedes me trajeron a este hombre acusado de fomentar la rebelión entre el pueblo, pero resulta que lo he interrogado delante de ustedes sin encontrar que sea culpable de lo que ustedes lo

acusan. ¹⁵ Y es claro que tampoco Herodes lo ha juzgado culpable, puesto que nos lo devolvió. Como pueden ver, no ha cometido ningún delito que merezca la muerte, ¹⁶ así que le daré una paliza y después lo soltaré.

¹⁸ Pero todos gritaron a una voz:

—¡Llévate a ése! ¡Suéltanos a Barrabás!

¹⁹ A Barrabás lo habían metido en la cárcel por una insurrección en la ciudad, y por homicidio. ²⁰ Pilato, como quería soltar a Jesús, apeló al pueblo otra vez, ²¹ pero ellos se pusieron a gritar:

—¡Crucifícalo! ¡Crucifícalo!

²² Por tercera vez les habló:

—Pero, ¿qué crimen ha cometido este hombre? No encuentro que él sea culpable de nada que merezca la pena de muerte, así que le daré una paliza y después lo soltaré.

²³ Pero a voz en cuello ellos siguieron insistiendo en que lo crucificara, y con sus gritos se

Juan Carlos Pérez

impusieron. ²⁴ Por fin Pilato decidió concederles su demanda: ²⁵ soltó al hombre que le pedían, el que por insurrección y homicidio había sido echado en la cárcel, y dejó que hicieran con Jesús lo que quisieran.

Como podemos ver finalmente Pilatos presionado por la multitud y los sacerdotes cede antes sus pedidos; él se lava las manos y deja que los sacerdotes hagan como quieran y Jesús es llevado para ser crucificado.

Imagino Satanás -al fin será como quiero y venceré Dios; aquí se cumple lo que dice:

Juan 1:10-11 Nueva Versión Internacional (NVI)

¹⁰ El que era la luz ya estaba en el mundo, y el mundo fue creado por medio de él, pero el mundo no lo reconoció. ¹¹ Vino a lo que era suyo, pero los suyos no lo recibieron.

Lo que Satanás nunca supo fue que el que estaba en esa Cruz era Dios hecho hombre; es en este preciso momento que sus cumple su verdadero propósito.

Colosenses 2:14Nueva Versión Internacional (NVI)

[14] y anular la deuda que teníamos pendiente por los requisitos de la ley. Él anuló esa deuda que nos era adversa, clavándola en la cruz.

Otra versión dice: que él anuló el acta. La palabra hebrea traducida para acta es cheirografon esto quiere decir contrato escrito o certificado de deuda sustituto de alguna transgresión, ésta también quiere decir libro con registro de pecados usados para condenar al agresor.

Esa fue el acta que Adán y Eva le firmaron a Satanás, esa fue la deuda que contrajeron en el jardín del Edén ante la serpiente.

Esto quiere decir que lo que fue clavado en la cruz fueron los registros de nuestros pecados, los que nos condenaba a muerte.

Juan Carlos Pérez

Romanos 6:23 Nueva Versión Internacional (NVI)

²³ Porque la paga del pecado es muerte, mientras que la dádiva de Dios es vida eterna en Cristo Jesús, nuestro Señor.

2 Timoteo 1:10 Nueva Versión Internacional (NVI)

¹⁰ y ahora lo ha revelado con la venida de nuestro Salvador Cristo Jesús, quien destruyó la muerte y sacó a la luz la vida incorruptible mediante el evangelio.

Este es el verdadero propósito de Jesús el cordero que quita el pecado del mundo cuando 1:29 por eso fue llamado Jesús, porque el salvaría el pueblo sus pecados Mateo 1:21; el propósito real de Jesús no era quitar la ley de Dios, sino el pecado, que es la transgresión de esta ley; 1 Juan 3:4 y de esta manera se cumple la promesa.

Isaías 43:25 Nueva Versión Internacional (NVI)

Juan Carlos Pérez

²⁵ »Yo soy el que por amor a mí mismo
borra tus transgresiones
y no se acuerda más de tus pecados.

Juan 19:30 Nueva Versión Internacional (NVI)

³⁰ Al probar Jesús el vinagre, dijo:

—Todo se ha cumplido.

Luego inclinó la cabeza y entregó el espíritu.

Es en este momento que se produjo la victoria hipostática y se destruyó el "cheirografon", El acta, El registro de nuestros pecados Cristo despojó a Satanás y de los principados y potestades, los exhibió públicamente triunfando sobre ellos.

Colosenses 2:15 Nueva Versión Internacional (NVI)

Juan Carlos Pérez

¹⁵ Desarmó a los poderes y a las potestades, y por medio de Cristo los humilló en público al exhibirlos en su desfile triunfal.

Satanás esta contra limitado a los hijos de Dios viviente, ahora tenemos un nombre sobre todo nombre que le recuerda su gran derrota, la cual él vio en primera fila; tenemos abogado para con nosotros, somos libres verdaderamente libres. Si quiere ser libre sólo tienes que creer en Jesús; Ya no hay nada que te pueda condenar si crees que él murió por ti y puede perdonar.

Juan Carlos Pérez

Capítulo 18

Transferencia genuina.

Debemos tener en claro que el evangelio no se hereda, sino que se transfiere.

-Pastor José Pérez-

Juan Carlos Pérez

Dios con el hecho de cumplir la promesa al pueblo que escogió para salvarlos, no dejó por fuera a los gentiles que somos nosotros los no hebreos, los gentiles somos todas las naciones fuera del pueblo hebreo.

Dios no se olvidó de nosotros el también traza un plan para que cada uno de nosotros conociera la verdad, la obra redentora de Jesús y ese plan fue ejecutado por los apóstoles, pero todo esto no es más que un acto de amor lleno de misericordia de Dios para el hombre.

Jesús cumplió su propósito cuando instruyó a los discípulos, eso lo podemos ver en las escrituras, el libro de hechos no demuestra que los discípulos salieron a cumplir lo que Jesús le envió hacer sin importar el peligro que eso implicaba.

Debemos tener en claro que el evangelio no se hereda sino que se transfiere; pero no se puede transferir algo que no se posee, muchos de ustedes mis queridos lectores; si en este preciso momento yo les diera un número de cuenta y les digo transfiérame 100 millones de dólares, mucho quizás la mayoría no pudiera en este preciso momento, simplemente porque no puede transferir algo que no posee.

Muchos de los que practican nuestra fe cristiana han fallado al transferir un evangelio genuino y lo vemos en los actos de sus propios hijos, muchos jóvenes que están sumergidos en drogadicción, prostitución, delincuencia; cuando se le pregunta ¿qué fe practican sus padres? Dicen: - son evangélicos; ¿cuantos años tienen en el evangelio? - 30 años. ¡Wow! Dice uno ¿entonces qué está pasando?, Simple, no puede transferir algo que no posees.

En una familia que dice ser evangélica pero que no vive y practica diario el evangelio el resultado se verá en sus hijos.

El evangelio no sólo es una práctica litúrgica, es un estilo de vida; usted va a la iglesia donde reciben herramientas de parte de Dios, para que pueda conducirse en su vida diaria pueda transferir esa enseñanza a sus hijos, familiares y amigos.

A muchos cristianos se les pregunta ¿cómo están sus hijos? Responde -¡nooo, mire! La hembra ya ha tenido como cuatro novios, de paso vagos y delincuentes, el varón en drogas y delincuencia; ¡ya no sé qué hacer! Cuando uno les pregunta ¿cuánto tiempo tiene usted en el evangelio? Tengo 40 años; ¿entonces qué pasa que sus hijos tienen esa vida? Te responden -¡no lo que pasa es que el diablo es quien los tiene engañados! Y dirá el diablo -¡no amigo! A mí no me meta, el que los tiene engañados es usted con un falso evangelio.

Amigos nadie que viva, practique y predique que las verdades del Evangelio puede tener a sus hijos en estas condiciones; al menos que éstas sea una prueba de parte de Dios, recordemos que Job fue probado.

Juan Carlos Pérez

Debemos convertirnos en verdaderos discípulos de Cristo para poder ver su gloria manifestada en nuestras vidas.

Los discípulos obtuvieron una transferencia genuina de parte de Jesús; la cual era el amor por la humanidad y estos transfirieron ese amor de generación en generación hasta el punto que usted y yo recibimos la noticia que Jesús nos ama y esa persona que nos dio la noticia lo hizo con amor.

¿Por qué hablamos tanto del amor? El amor fue lo que movió a Jesús para dar su vida por nosotros, él incluso les dijo a sus discípulos:

Mateo 22:37-40 Nueva Versión Internacional (NVI)

37 —"Ama al Señor tu Dios con todo tu corazón, con todo tu ser y con toda tu mente" —le respondió Jesús—. 38 Éste es el primero y el más importante de los mandamientos. 39 El segundo se parece a éste: "Ama a tu prójimo como a ti mismo." ⁴⁰ De estos dos mandamientos dependen toda la ley y los profetas.

Fue el amor lo que movió a Jesús a cumplir su propósito de redención por la humanidad.

Fue ese mismo amor transferido, el que causó que los discípulos salieran y se movieran en llevar el Evangelio a todas las naciones y nos transfirieran la promesa de salvación.

Juan Carlos Pérez

Capítulo 19

Martirizados por amor.

Marcos 16:15 Reina-Valera 1960 (RVR1960)

¹⁵ Y les dijo: Id por todo el mundo y predicad el evangelio a toda criatura.

Juan Carlos Pérez

Una de las cosas debemos tener claras es que los discípulos de Jesús fueron personas comunes y corrientes como usted y yo.

Ellos tuvieron un encuentro personal con Jesús durante tres años, en los cuales fueron amados, exhortados y formados por Jesús, su máximo líder y su señor, estos hombres creían plenamente en Jesús, tenían su confianza puesta en él, creían que Jesús era el mesías; incluso Jesús les pregunta.

Mateo 16:15-17 Nueva Versión Internacional (NVI)

^{15}—Y ustedes, ¿quién dicen que soy yo?

^{16}—Tú eres el Cristo, el Hijo del Dios viviente —afirmó Simón Pedro.

^{17}—Dichoso tú, Simón, hijo de Jonás —le dijo Jesús—, porque eso no te lo reveló ningún mortal, sino mi Padre que está en el cielo.

Imaginemos a estos hombres el día tiene sus es crucificado, experimentando una pérdida en sus corazones, ahora estaban tristes, desconsolados, abatidos, sin esperanza y para completar perseguidos por un imperio romano, ellos estaban llenos de miedo y asustados corrieron a esconderse al monte Galilea, recordando lo que Jesús les dijo en:

Mateo 28:16Nueva Versión Internacional (NVI)

^{16} Los once discípulos fueron a Galilea, a la montaña que Jesús les había indicado.

Era tal el temor de los discípulos que se encerraron.

Juan 20:19-23Nueva Versión Internacional (NVI)

^{19} Al atardecer de aquel primer día de la semana, estando reunidos los discípulos a puerta cerrada por temor a los judíos, entró Jesús y, poniéndose en medio de ellos, los saludó.

Juan Carlos Pérez

Pero la mejor noticia Jesús estaba vivo regresa el júbilo, La alegría y la paz al corazón de estos hombres, ahora todo lo que ellos creían era más firme; la fidelidad de tres años en el ministerio de Jesús no fue en vano.

Hechos 1:3-9Reina-Valera 1960 (RVR1960)

³ a quienes también, después de haber padecido, se presentó vivo con muchas pruebas indubitables, apareciéndoseles durante cuarenta días y hablándoles acerca del reino de Dios.

Los discípulos están tan contentos, que pensaron que era la hora en que Jesús le regresaría el reino a Israel.

Hechos 1:6Reina-Valera 1960 (RVR1960)

⁶ Entonces los que se habían reunido le preguntaron, diciendo: Señor, ¿restaurarás el reino a Israel en este tiempo?

Ahora fíjense bien lo que sucede a continuación.

Juan Carlos Pérez

Nuevamente el corazón de los discípulos experimentó la segunda pérdida Jesús asciende el cielo.

Hechos 1:8-11 Reina-Valera 1960 (RVR1960)

⁸ pero recibiréis poder, cuando haya venido sobre vosotros el Espíritu Santo, y me seréis testigos en Jerusalén, en toda Judea, en Samaria, y hasta lo último de la tierra.

⁹ Y habiendo dicho estas cosas, viéndolo ellos, fue alzado, y le recibió una nube que le ocultó de sus ojos.

¹⁰ Y estando ellos con los ojos puestos en el cielo, entre tanto que él se iba, he aquí se pusieron junto a ellos dos varones con vestiduras blancas,

¹¹ los cuales también les dijeron: Varones galileos, ¿por qué estáis mirando al cielo? Este mismo Jesús, que ha sido tomado de vosotros al cielo, así vendrá como le habéis visto ir al cielo.

Juan Carlos Pérez

Los discípulos regresaron a esperar la promesa del espíritu Santo a Jerusalén; pero este regreso no fue como el primero, aquí tenían esperanza y un propósito

Hechos 1:13-14Reina-Valera 1960 (RVR1960)

¹³ Y entrados, subieron al aposento alto, donde moraban Pedro y Jacobo, Juan, Andrés, Felipe, Tomás, Bartolomé, Mateo, Jacobo hijo de Alfeo, Simón el Zelote y Judas hermano de Jacobo.

¹⁴ Todos éstos perseveraban unánimes en oración y ruego, con las mujeres, y con María la madre de Jesús, y con sus hermanos.

Estando Jesús orando reunidos llenos de esperanza, sucedió lo tanto esperado el espíritu santo hace acto de presencia. ¡wow! La promesa se cumple y empezaron hablar distintas lengua o idioma los de todo el mundo.

Hechos 2:1-4Nueva Versión Internacional (NVI)

Juan Carlos Pérez

2 Cuando llegó el día de Pentecostés, estaban todos juntos en el mismo lugar. ² De repente, vino del cielo un ruido como el de una violenta ráfaga de viento y llenó toda la casa donde estaban reunidos. ³ Se les aparecieron entonces unas lenguas como de fuego que se repartieron y se posaron sobre cada uno de ellos. ⁴ Todos fueron llenos del Espíritu Santo y comenzaron a hablar en diferentes lenguas, según el Espíritu les concedía expresarse.

Cuando los discípulos empezaron hablar todos los idiomas fue con la finalidad de cumplir su propósito de predicar y de testificar en todo el mundo el Evangelio.

Hechos 2:7-11 Nueva Versión Internacional (NVI)

⁷ Desconcertados y maravillados, decían: «¿No son galileos todos estos que están hablando? ⁸ ¿Cómo es que cada uno de nosotros los oye hablar en su lengua materna? ⁹ Partos, medos y elamitas; habitantes de Mesopotamia, de Judea y *de Capadocia, del Ponto y de Asia, ^{10} de Frigia y de Panfilia, de Egipto y de las regiones de Libia cercanas a Cirene; visitantes llegados de Roma; ^{11} judíos y prosélitos; cretenses y árabes: ¡todos por igual los oímos proclamar en nuestra propia lengua las maravillas de Dios!»*

Mientras todo esto sucedía se levanta Pedro uno de los discípulos y empezó a hablar.

Hechos 2:14 Nueva Versión Internacional (NVI)

^{14} Entonces Pedro, con los once, se puso de pie y dijo a voz en cuello: «Compatriotas judíos y todos ustedes que están en Jerusalén, déjenme explicarles lo que sucede; presten atención a lo que les voy a decir.

Y mire lo que sucede.

Hechos 2:41 Nueva Versión Internacional (NVI)

Juan Carlos Pérez

⁴¹ Así, pues, los que recibieron su mensaje fueron bautizados, y aquel día se unieron a la iglesia unas tres mil personas.

¡Pum! El poder de Dios en sus labios. Empezaron los milagros, los prodigios, las sanaciones, los cojos andan, los ciegos ven, los sordos oyen; empezó el crecimiento de la iglesia primitiva, un nuevo apóstol es nombrado como Pablo que antes perseguía la iglesia.

Hechos 9:1-5Nueva Versión Internacional (NVI)

9 Mientras tanto, Saulo, respirando aún amenazas de muerte contra los discípulos del Señor, se presentó al sumo sacerdote ² y le pidió cartas de extradición para las sinagogas de Damasco. Tenía la intención de encontrar y llevarse presos a Jerusalén a todos los que pertenecieran al Camino, fueran hombres o mujeres. ³ En el viaje sucedió que, al acercarse a Damasco, una luz del cielo relampagueó de repente a su alrededor. ⁴ *Él cayó al suelo y oyó una voz que le decía:*

—*Saulo, Saulo, ¿por qué me persigues?*

⁵— *¿Quién eres, Señor? —preguntó.*

—*Yo soy Jesús, a quien tú persigues —le contestó la voz—.*

Luego este apóstol es enviado exclusivamente a los gentiles.

Hechos 9:17-18 Nueva Versión Internacional (NVI)

¹⁷ *Ananías se fue y, cuando llegó a la casa, le impuso las manos a Saulo y le dijo: «Hermano Saulo, el Señor Jesús, que se te apareció en el camino, me ha enviado para que recobres la vista y seas lleno del Espíritu Santo.»* ¹⁸ *Al instante cayó de los ojos de Saulo algo como escamas, y recobró la vista. Se levantó y fue bautizado;*

Pero desde el comienzo de su fe ellos estaban determinado; a ser perseguidos y asesinados.

Juan Carlos Pérez

Imagino nuevamente el corazón de los discípulos; Los embargarían la tristeza y más aún imagino que recordaron lo que Jesús les dijo un tiempo atrás en:

Juan 15:18-27Nueva Versión Internacional (NVI)

18 »Si el mundo los aborrece, tengan presente que antes que a ustedes, me aborreció a mí. 19 Si fueran del mundo, el mundo los querría como a los suyos. Pero ustedes no son del mundo, sino que yo los he escogido de entre el mundo. Por eso el mundo los aborrece. 20 Recuerden lo que les dije: "Ningún siervo es más que su amo." Si a mí me han perseguido, también a ustedes los perseguirán. Si han obedecido mis enseñanzas, también obedecerán las de ustedes. 21 Los tratarán así por causa de mi nombre, porque no conocen al que me envió. 22 Si yo no hubiera venido ni les hubiera hablado, no serían culpables de pecado. Pero ahora no tienen excusa por su pecado. 23 El que me aborrece a mí, también aborrece a mi Padre. ²⁴ Si yo no hubiera hecho entre ellos las obras que ningún otro antes ha realizado, no serían culpables de pecado. Pero ahora las han visto, y sin embargo a mí y a mi Padre nos han aborrecido. ²⁵ Pero esto sucede para que se cumpla lo que está escrito en la ley de ellos: "Me odiaron sin motivo."

²⁶ »Cuando venga el Consolador, que yo les enviaré de parte del Padre, el Espíritu de verdad que procede del Padre, él testificará acerca de mí. ²⁷ Y también ustedes darán testimonio porque han estado conmigo desde el principio.

Juan 16:1-4 Nueva Versión Internacional (NVI)

16 »Todo esto les he dicho para que no flaquee su fe. ² Los expulsarán de las sinagogas; y hasta viene el día en que cualquiera que los mate pensará que le está prestando un servicio a Dios. ³ Actuarán de este modo porque no nos han conocido ni al Padre ni a mí. ⁴ Y les digo esto

Juan Carlos Pérez

para que cuando llegue ese día se acuerden de que ya se lo había advertido. Sin embargo, no les dije esto al principio porque yo estaba con ustedes.

Estoy plenamente convencido que el día que estos hombres salieron a predicar el evangelio a pesar de las circunstancias en que vivían, en un tiempo en el cual los cristianos eran perseguidos y predicará a Jesús era una muerte segura, estos discípulos rompieron la barrera del temor y llenos de esperanza se lanzaron prácticamente a un suicidio, todo esto por amor a usted y a mí; un amor que fue transferido de Jesús, amor sin condiciones, amor puro por lo que más ama, la humanidad.

Y estoy convencido que cuando Jesús y los discípulos murieron cada uno en su momento, con la frente en alto, con las botas puestas; tenían tatuado en sus pensamientos su rostro y mi rostro su nombre y mi nombre y con la esperanza de que usted y yo fuéramos salvos por la eternidad.

Juan Carlos Pérez

Muerte de los discípulos:

Jacobo (Hechos 12:2). El rey Herodes mató a Jacobo "a espada"

Apóstol Pedro que fue crucificado de cabeza en una cruz en forma de "X" en Roma, en cumplimiento a la profecía de Jesús (Juan 21:18).

Mateo sufrió el martirio en Etiopía, habiendo muerto por una herida de espada.

Juan enfrentó el martirio cuando fue hervido en un enorme caldero de aceite hirviendo durante una ola de persecución en Roma. Sin embargo, fue librado milagrosamente de la muerte. Entonces fue sentenciado a las minas en la prisión de la isla de Patmos, y fue ahí donde escribió su libro profético del "Apocalipsis". Posteriormente, el apóstol Juan fue liberado y llevado de regreso a lo que hoy conocemos como Turquía. Él murió muy viejo y fue el único de los apóstoles que murió pacíficamente.

Juan Carlos Pérez

Santiago, el hermano de Jesús (no habiendo sido oficialmente un apóstol), el líder de la iglesia en Jerusalén, fue arrojado de una altura de más de 30 metros desde el pináculo sureste del templo, cuando se rehusó a negar su fe en Cristo. Cuando descubrieron que sobrevivió a la caída, sus enemigos lo golpearon con un garrote hasta matarlo. Este fue el mismo pináculo donde Satanás había llevado a Jesús durante la tentación.

Bartolomé, también conocido como Natanael, fue misionero en Asia. Él testificó en lo que hoy es Turquía y fue martirizado por su predicación en Armenia, donde fue desollado con un látigo hasta morir.

Andrés fue crucificado en una cruz en forma de "X" en Grecia. Después de haber sido azotado severamente por siete soldados, ellos ataron su cuerpo a la cruz con cuerdas para prolongar su agonía. Sus seguidores reportaron que, cuando él era llevado a la cruz, Andrés la saludó con estas palabras; "Hace mucho he deseado y esperado este feliz momento. La cruz ha sido consagrada por el cuerpo de Cristo colgado en ella." Él continuó predicando a sus verdugos por dos días hasta que murió.

El apóstol Tomás fue traspasado con una lanza en la India, durante uno de sus viajes misioneros para establecer ahí una iglesia.

Matías, el apóstol elegido para remplazar a Judas Iscariote el traidor, fue apedreado y luego decapitado.

El apóstol Pablo fue torturado y después decapitado por el vil emperador romano Nerón en el año 67. También hay tradiciones referentes a los otros apóstoles, pero ninguna que cuente con una base histórica o tradicional confiable.

No es tan importante el cómo murieron los apóstoles. Lo que sí es importante es el hecho de que todos ellos estuvieron dispuestos a morir por su fe. Si Jesús no hubiera resucitado, los discípulos lo hubieran sabido. Ninguno de ellos hubiera muerto por algo que ellos sabían que era mentira. El hecho de que todos los apóstoles estuvieron dispuestos a padecer horribles muertes, rehusando a renunciar a su fe en Cristo, es una tremenda evidencia de que ellos realmente presenciaron la resurrección de Jesucristo.

Juan Carlos Pérez

Conclusiones.

El propósito de este libro es para que tú que lees estas líneas puedas entender el verdadero propósito de Jesús, sé que la mayoría de personas que tienen este libro en sus manos creen en aquel Jesús que murió aproximadamente 2015 años, y todos los que creen debemos buscar un equilibrio con la verdad y los hechos de aquel extraordinario hombre y Dios que camino en nuestro planeta, que cambio el curso de la historia, con su mensaje de amor, reconciliación y misericordia.

Yo me pregunto ¿dónde están los verdaderos discípulos del maestro? Aquellos que ponen en práctica el ayudar al necesitado, el sin casa, el drogadicto, el alcohólico, el homosexual, la viuda, el huérfano, el desconsolado, al hambriento, ¿a dónde se fue la compasión del ser humano? ¿Hace cuánto no le tiendes la mano a uno de ellos?

La humanidad se ha desviado y a degradado su verdadera esencia, estamos más pendiente y

Juan Carlos Pérez

preocupado por buscar nuestro éxito y bienestar, que ya somos incapaces de ser generosos con el menos desfavorecido, los ignoramos al pasar a su lado en las calles; mientras tu lees esta líneas hay miles de niños muriendo afuera, porque no tienen nada que comer, de frio porque no tienen un techo donde vivir, los jóvenes se nos pierde frete a nuestros ojos, y ¿Qué estamos haciendo para detener este flagelo? ¿Cuál es tu grano de arena, que aportas para revertir todo este desastre?, hemos perdido los principios y valores, degradando aún más esta sociedad, dejamos de aconsejar de la manera correcta, hoy le decimos a la esposa deja ese hombre, al esposo deja esa mujer, ¿Dónde está el matrimonio para toda la vida? ¿Dónde está el vivir para toda la vida juntos? ¿Qué paso con el verdadero amor? ¿Qué paso con el ser esposo de una sola mujer y la mujer esposa de un solo hombre?, es hora que dejemos que el sistema de esta sociedad siga degradándonos, hagamos familias, con principios y valores.

Juan Carlos Pérez

Sigamos cambiando este mundo como lo hizo Jesús.

La iglesia primitiva, vivía de una manera generosa entre ellos.

Hechos 2:42-45

"Y perseveraban en la doctrina de los apóstoles, en la comunión unos con otros, en el partimiento del pan y en las oraciones. Y sobrevino temor a toda persona; y muchas maravillas y señales eran hechas por los apóstoles. Todos los que habían creído estaban juntos, y tenían en común todas las cosas; y vendían sus propiedades y sus bienes, y lo repartían a todos según la necesidad de cada uno."

Hechos 4:32-35

"Y la multitud de los que habían creído era de un corazón y un alma; y ninguno decía ser suyo propio nada de lo que poseía, sino que tenían todas las cosas en común. Y con gran poder los apóstoles daban testimonio de la resurrección del

Señor Jesús, y abundante gracia era sobre todos ellos. Así que no había entre ellos ningún necesitado; porque todos los que poseían heredades o casas, las vendían, y traían el precio de lo vendido, y lo ponían a los pies de los apóstoles; y se repartía a cada uno según su necesidad."

¿Dónde están esos verdaderos hombres de Dios?

Quedan pocos en realidad, aquellos que no se aprovechan de la fe, ni del diezmo para lucrarse y hacerse millonarios, y andar en carros ostentosos y casas lujosas, sino que ayudan a los más necesitados un caso de admirar es el caso del pastor brasileño **Fabio Mendoza**, que decidido construir casas con el dinero de los diezmos, para los miembros de la iglesia que no tienen donde vivir; ese es un verdadero hombre de Dios; o como el pastor venezolano **José Pérez**, al que he visto regalar carros, casas, hacer préstamos para que los miembros de su iglesia creen un negocio y tengan una mejor calidad de vida, ese es el verdadero evangelio, el de hacer las cosas como Jesús la hizo.

Hoy te pido de todo corazón sea quien seas, joven o adulto, famoso o no, cuando salgas por las calles de tu ciudad, y veas a un necesitado, no lo ignores por favor, te lo ruego, ayúdalo solo perderás 5 minutos de tu tiempo, pregúntale si tiene hambre y regálale un desayuno, un almuerzo, ¿por dios que es eso? Solo unas monedas, que ya no estarán en tu bolsillo y que aliviaran el hambre de una persona que quizás tenga días sin comer, y a los que tengan un poco más, detente compra una almohada, una manta, una franela algo por favor algo que ellos necesiten, y los más importante habla con ellos, dales un abrazo, eso si no cuesta nada; que están sucios, algo que puede quitar el agua y jabón; pero no los ignores más, hagamos la diferencia y creemos conciencia, si tienes miedo invita un amigo o amiga, ve recorre tu ciudad, lleva chocolate o café con pan y repártelos, ve a un hospital y llévales una palabra de aliento, solo con decirle que todo estará bien, bastara, que

Juan Carlos Pérez

importa el qué dirán, ve a un centro penitenciario, has lo mismo con ellos, son seres humanos, que quizás si se equivocaron, ¿acaso nunca te has equivocado?, y si quizás tu equivocación no fue tan grande como la de muchos de los que están detrás de una reja, pero eso no nos hace más que ellos delante de nuestro creador; todos cometemos errores y también somos dignos de rectificarlos.

Por último; se libre, vive al máximo tu día a día como si fueran los últimos, si tienes problemas con algún familiar, o con algún amigo o amiga, ve corre y reconcíliate, quizás mañana sea tarde, y te lamentaras o quizás nunca lo hagas porque tu tiempo llego a su final y cuando llegue el final de tus días, has que todos te recuerden por las grandes cosas grandes que hiciste y por el marcar la diferencia; ama como nunca, si te lastiman no importa sigue creyendo en el amor, llegara el día en que verdaderamente seas feliz, si te caes levántate, sacúdete el polvo y sigue adelante, no te limites en nada; esfuérzate y se Valente, la

Juan Carlos Pérez

humanidad te necesita, ustedes son más importante de lo que creen.

Recuerden que el amor lo puede todo.

Porque de tal manera amó Dios al mundo que ha enviado a su unigénito para que todo el que cree en él no se pierda más tenga vida eterna.
Juan 3: 16.

Espero que la paz, la abundancia, la libertad financiera, la salud y el amor, este cada día derramado sobre sus vidas.

Juan Carlos Pérez

*Ser cristiano no se trata de tener una vida congregacional y eclesiástica; sino de reflejar a **JESUCRISTO** y su grandeza; el día a día **EN NUESTRAS VIDAS.***

*- **Juan Carlos Pérez** -*
4 de diciembre de 2013

Juan Carlos Pérez

www.ingramcontent.com/pod-product-compliance
Lightning Source LLC
Chambersburg PA
CBHW061647040426
42446CB00010B/1620